I0564774

LES
AUTEURS LATINS

EXPLIQUÉS D'APRÈS UNE MÉTHODE NOUVELLE

PAR DEUX TRADUCTIONS FRANÇAISES

L'UNE LITTÉRALE ET JUXTALINÉAIRE PRÉSENTANT LE MOT A MOT FRANÇAIS
EN REGARD DES MOTS LATINS CORRESPONDANTS
L'AUTRE CORRECTE ET PRÉCÉDÉE DU TEXTE LATIN

avec des sommaires et des notes

PAR UNE SOCIÉTÉ DE PROFESSEURS

ET DE LATINISTES

TACITE

—

LA GERMANIE

EXPLIQUÉE LITTÉRALEMENT
TRADUITE EN FRANÇAIS ET ANNOTÉE

PAR M. DONEAUD
Licencié ès lettres

PARIS

LIBRAIRIE DE L. HACHETTE ET Cie

RUE PIERRE-SARRAZIN, N° 12

(QUARTIER DE L'ÉCOLE DE MÉDECINE)

LES

AUTEURS LATINS

EXPLIQUÉS D'APRÈS UNE MÉTHODE NOUVELLE

PAR DEUX TRADUCTIONS FRANÇAISES

n° 7.

Cet ouvrage a été expliqué littéralement, traduit en français et annoté par M. Doneaud, licencié ès lettres.

DE L'IMPRIMERIE DE CRAPELET, RUE DE VAUGIRARD, 9.

LES
AUTEURS LATINS

EXPLIQUÉS D'APRÈS UNE MÉTHODE NOUVELLE

PAR DEUX TRADUCTIONS FRANÇAISES

L'UNE LITTÉRALE ET JUXTALINÉAIRE PRÉSENTANT LE MOT A MOT FRANÇAIS
EN REGARD DES MOTS LATINS CORRESPONDANTS
L'AUTRE CORRECTE ET PRÉCÉDÉE DU TEXTE LATIN

avec des sommaires et des notes

PAR UNE SOCIÉTÉ DE PROFESSEURS

ET DE LATINISTES

———

TACITE

LA GERMANIE

———

PARIS

LIBRAIRIE DE L. HACHETTE ET Cie

RUE PIERRE-SARRAZIN, Nº 14
(Quartier de l'École de Médecine)

———

1850

AVIS

On a réuni par des traits les mots français qui traduisent un seul mot latin.

On a imprimé en *italiques* les mots qu'il était nécessaire d'ajouter pour rendre intelligible la traduction littérale, et qui n'avaient pas leur équivalent dans le latin.

Enfin, les mots placés entre parenthèses doivent être considérés comme une seconde explication, plus intelligible que la version littérale.

ARGUMENT ANALYTIQUE.

La Germanie.   1

C. CORN. TACITI

GERMANIA.

I. Germania[1] omnis a Gallis Rhætisque et PannoniisRheno et Danubio fluminibus, a Sarmatis Dacisque mutuo metu aut montibus separatur. Cetera Oceanus ambit, latos sinus et insularum immensa spatia complectens, nuper cognitis[2] quibusdam gentibus ac regibus, quos bellum aperuit. Rhenus, Rhæticarum Alpium inaccesso ac præcipiti vertice ortus, modico flexu in occidentem versus, septentrionali Oceano miscetur. Danubius, molli et clementer edito montis Abnobæ[3] jugo effusus, plures populos adit, donec in Ponticum mare sex meatibus erumpit : septimum enim os paludibus hauritur.

I. La Germanie, du côté des Gaules, de la Rhétie et de la Pannonie, a pour barrières le Rhin et le Danube ; du côté des Sarmates et des Daces, une crainte mutuelle ou des montagnes. Le reste du pays est bordé par l'Océan, dont les flots embrassent de vastes côtes et des îles immenses. On vient d'en connaître quelques nations et quelques rois, c'est la guerre qui les a fait découvrir. Le Rhin, dont la source se précipite du sommet inaccessible des Alpes rhétiques, après un léger détour vers l'occident, vient se mêler aux eaux de l'Océan septentrional. Quant au Danube, qui descend mollement de la pente plus douce du mont Abnoba, il parcourt plus de pays, et enfin se jette dans la mer du Pont par six embouchures ; le septième bras va se perdre dans des marais.

C. CORN. TACITE.

LA GERMANIE.

I. Germania omnis
separatur a Gallis
Rhætisque
et Pannoniis
fluminibus Rheno
et Danubio,
a Sarmatis Dacisque
metu mutuo
aut montibus.
Oceanus ambit cetera,
complectens latos sinus
et spatia immensa
insularum,
quibusdam gentibus
ac regibus,
quos bellum aperuit,
cognitis nuper.
Rhenus ortus
vertice inaccesso
ac præcipiti
Alpium Rhæticorum,
versus in occidentem
flexu modico,
miscetur
Oceano septentrionali.
Danubius effusus jugo
molli et edito clementer
montis Abnobæ,
adit plures populos,
donec erumpit
in mare Ponticum
sex meatibus :
septimum enim os
hauritur paludibus.

I. La Germanie tout-entière
est séparée des Gaulois
et des Rhètes
et des Pannoniens
par les fleuves *du* Rhin
et *du* Danube,
des Sarmates et des Daces
par une crainte mutuelle
ou par des montagnes.
L'Océan entoure le reste,
embrassant de vastes sinuosités (côtes)
et des étendues immenses
d'îles,
quelques nations
et *quelques* rois,
que la guerre a découverts,
étant connus depuis peu.
Le Rhin qui sort
de la cime inaccessible
et taillée-à-pic
des Alpes rhétiques,
s'étant tourné vers le couchant
par une courbe modérée (légère),
se mêle
à l'Océan septentrional.
Le Danube répandu du plateau
uni et s'élevant en-pente-douce
du mont Abnoba,
va-trouver plus de peuples *que le Rhin*,
jusqu'à ce qu'il s'élance
dans la mer du-Pont
par six voies (embouchures) :
en effet la septième embouchure
est engloutie (se perd) dans des marais.

II. Ipsos Germanos indigenas crediderim, minimeque aliarum
gentium adventibus et hospitiis mixtos : quia nec terra olim ,
sed classibus advehebantur qui mutare sedes quærebant; et
immensus ultra, utque sic dixerim , adversus Oceanus [1] raris
ab orbe nostro navibus aditur. Quis porro, præter periculum
horridi et ignoti maris, Asia aut Africa aut Italia relicta,
Germaniam peteret , informem terris, asperam cœlo, tristem
cultu adspectuque, nisi si patria sit? Celebrant carminibus antiquis, quod unum apud illos memoriæ et annalium genus est,
Tuistonem deum, Terra editum, et filium Mannum , originem
gentis conditoresque. Manno tres filios assignant, e quorum
nominibus proximi Oceano Ingævones , medii Herminones ,
cæteri Istævones vocentur. Quidam autem , licentia vetustatis,
plures deos ortos, pluresque gentis appellationes, Marsos, Gam-

II. Je croirais volontiers que les Germains sont indigènes , et
que leur sang ne fut point mélangé par l'établissement ou le passage de races étrangères. La raison en est que ceux qui s'expatriaient
jadis, ne voyageaient point sur le continent, mais par mer ; d'ailleurs, leur Océan sans bornes, et qui va , pour ainsi dire, en mon-
tant vers le nord, est rarement visité par des vaisseaux de nos pays.
De bonne foi , sans parler des périls d'une mer orageuse et inconnue , qui voudrait quitter l'Asie, l'Afrique ou l'Italie pour la Germanie , pays affreux , ciel âpre, séjour et aspect désolés, à moins
de l'avoir pour patrie ? D'antiques poésies, seuls monuments histo-
riques de ces peuples, nous révèlent un dieu Tuiston, né de la Terre,
et son fils Mannus, qui sont regardés comme l'origine et les fondateurs de la nation. Ils assignent à ce Mannus trois fils, et c'est
de leurs noms que les peuples les plus voisins de l'Océan s'appellent
Ingévones , ceux du centre Herminones , et tous les autres, Istévones.
Quelques - uns, à la faveur de cette antiquité, multiplient les
enfants du Dieu et les noms de la nation, Marses, Gambrives,

II. Crediderim
Germanos ipsos indigenas,
minimeque mixtos
adventibus et hospitiis
aliarum gentium :
quia et qui quærebant
mutare sedes
non advehebantur terra,
sed classibus ;
et Oceanus
immensus ultra,
utque dixerim sic,
adversus,
aditur raris navibus
ab nostro orbe.
Quis porro,
præter periculum
maris horridi et ignoti,
Asia aut Africa
aut Italia relicta,
peteret Germaniam,
informem terris,
asperam cœlo,
tristem cultu adspectuque,
nisi si sit patria ?
Celebrant
carminibus antiquis
(quod est unum genus
memoriæ et annalium
apud illos)
deum Tuistonem,
editum Terra,
et filium Mannum,
originem conditoresque
gentis.
Assignant tres filios Manno,
e nominibus quorum
proximi Oceano
vocentur Ingævones,
medii Herminones,
ceteri Istævones.
Quidam autem,
licentia vetustatis,
affirmant
plures Deos ortos
pluresque appellationes
gentis,

II. Je croirais
les Germains eux-mêmes indigènes,
et point du tout mêlés
aux arrivées et aux visites
d'autres nations :
parce que et ceux qui cherchaient
à changer de séjour
n'étaient pas amenés par terre,
mais par des flottes ;
et *d'un autre côté leur* Océan
immense au delà (vers le nord),
et pour que je dise ainsi,
qui-va-en-montant,
est visité par peu-de navires
partis de notre globe (pays).
Qui d'ailleurs,
à-part le danger
d'une mer terrible et inconnue,
l'Asie ou l'Afrique
ou l'Italie étant abandonnée,
chercherait la Germanie,
affreuse par *ses* terres,
âpre par *son* ciel,
triste par *sa* culture et par *son* aspect,
à moins que si elle était *sa* patrie ?
Les Germains célèbrent
par des poésies anciennes
(ce qui est le seul genre
d'histoire et d'annales
chez eux)
le dieu Tuiston,
engendré par la Terre,
et *son* fils Mannus,
origine et fondateurs
de la nation.
Ils assignent trois fils à Mannus,
des noms desquels
les plus proches de l'Océan
sont appelés Ingévones,
ceux du-centre Herminones
tous-les-autres Istévones.
Or quelques-uns,
à la faveur de l'antiquité,
affirment
plus-de Dieux être nés *de Tuiston*
et plus-de noms
de la nation *exister*,

brivios, Suevos, Vandalios affirmant, eaque vera et antiqua
nomina : ceterum *Germaniæ* vocabulum recens et nuper ad-
ditum ; quoniam, qui primi Rhenum transgressi Gallos expu-
lerint, ac nunc Tungri, tunc *Germani* vocati sint : ita nationis
nomen, non gentis, evaluisse paulatim , ut omnes, primum a
victore ob metum[1], mox a se ipsis invento nomine , *Germani*
vocarentur. Fuisse apud eos et Herculem memorant, primum-
que omnium virorum fortium ituri in prœlia canunt.

III. Sunt illis hæc quoque carmina , quorum relatu, quem
barditum vocant, accendunt animos, futuræque pugnæ fortunam ipso cantu augurantur : terrent enim [2] trepidantve, prout
sonuit acies. Nec tam voces illæ quam virtutis concentus videntur : affectatur præcipue asperitas soni et fractum murmur[3], objectis ad os scutis, quo plenior et gravior vox reper-
cussu intumescat. Ceterum et Ulyssem quidam opinantur,

Suèves, Vandales, et ils soutiennent que ce sont là les noms vé-
ritables et primitifs ; à les entendre, celui de *Germanie* est moderne
et d'adoption toute récente ; les premiers qui le prirent furent ceux
qui passèrent le Rhin, et qui en chassèrent les Gaulois ; ce sont aujourd'hui les Tongres ; ainsi, le nom d'une tribu seulement aurait
prévalu peu à peu, si bien qu'imaginé d'abord par le vainqueur pour
inspirer de la crainte, il aurait été adopté par tous, et ils se seraient
appelés Germains. On prétend qu'ils ont eu leur Hercule, et de tous
leurs héros, c'est le premier qu'ils célèbrent en marchant au combat.

III. Ils ont aussi un chant de guerre , le *bardit*, par lequel ils en-
flamment leur courage, et selon la manière de l'entonner ils augurent
le succès du combat : en effet, ils font trembler ou tremblent eux-
mêmes , d'après la nature de ses accents. Ce chant est plutôt un
accord de sons guerriers qu'une suite de paroles. Ils s'attachent surtout à produire des sons rudes et un bruit rauque, en serrant le
bouclier contre les lèvres, afin que leur voix rejaillisse en échos plus
terribles et plus retentissants. Quelques-uns prétendent qu'Ulysse,

Marsos, Gambrivios,	*savoir* les Marses, les Gambrives,
Suevos, Vandalios,	les Suèves, les Vandales,
eaque nomina	et *ils affirment* ces noms
vera et antiqua :	*être les noms* véritables et anciens :
ceterum	mais
vocabulum Germaniæ	le mot de Germanie
recens et additum nuper ;	*être* récent et ajouté depuis peu ;
quoniam qui primi	parce que ceux qui les premiers
trangressi Rhenum	ayant passé le Rhin
expulerint Gallos,	ont repoussé les Gaulois,
ac nunc Tungri,	et *qui* aujourd'hui *se nomment* Tongres,
tunc vocati sint Germani :	alors s'appelèrent Germains :
ita nomen	ainsi le nom
nationis, non gentis,	d'une tribu, *et* non d'une nation,
evaluisse paulatim,	avoir prévalu petit-à-petit,
ut omnes	tellement que tous
vocarentur Germani,	s'appelassent Germains,
nomine invento primum	ce nom ayant été imaginé d'abord
a victore ob metum,	par le vainqueur pour *inspirer* la crainte,
mox a se ipsis.	bientôt *adopté* par eux-mêmes.
Memorant et Herculem	On rapporte aussi un Hercule
fuisse apud eos,	avoir existé chez eux,
iturique in prœlia	et devant aller aux combats
canunt primum	ils chantent *lui* le premier
omnium virorum fortium.	de tous les guerriers courageux.
III. Sunt quoque illis	III. Sont aussi à eux (ils ont aussi)
hæc carmina,	ces chants (de tels chants),
relatu quorum,	par la manière-de-chanter desquels,
quem vocant *barditum*,	laquelle *manière* ils appellent *bardit*,
accendunt animos,	ils enflamment les courages,
auguranturque cantu ipso	et ils augurent par le chant lui-même
fortunam pugnæ futuræ :	le sort d'un combat futur :
terrent enim	ils effrayent en effet *les ennemis*
trepidantve,	ou tremblent *eux-mêmes*,
prout acies sonuit.	selon que l'armée a résonné (chanté).
Et illæ videntur	Et ces *chants* semblent-être
non tam voces	non pas tant des paroles *suivies*
quam concentus virtutis :	que les accords du courage :
asperitas soni	la rudesse du son
et murmur fractum	et un murmure éclatant
affectatur præcipue,	sont recherchés surtout,
scutis objectis ad os,	les boucliers étant placés contre la bou-
quo vox intumescat	afin que la voix grossisse [che,
plenior et gravior	*rendue* plus pleine et plus grave
repercussu.	par la répercussion.
Ceterum quidam	Ensuite quelques-uns
opinantur et Ulyssem,	pensent aussi Ulysse,

1.

longo illo et fabuloso errore in hunc Oceanum delatum, adisse Germaniæ terras, Asciburgiumque [1], quod in ripa Rheni situm hodieque incolitur, ab illo constitutum nominatumque. Aram quin etiam Ulyssi consecratam, adjecto Laertæ patris nomine, eodem loco olim repertam ; monumentaque, et tumulos quosdam græcis litteris inscriptos, in confinio Germaniæ Rhætiæque adhuc exstare. Quæ neque confirmare argumentis, neque refellere in animo est : ex ingenio suo quisque demat vel addat fidem.

IV. Ipse eorum opinionibus accedo, qui Germaniæ populos nullis aliis aliarum nationum connubiis infectos, propriam et sinceram et tantum sui similem gentem exstitisse arbitrantur. Unde habitus quoque corporum , quanquam in tanto hominum numero, idem omnibus ; truces et cærulei oculi, rutilæ comæ , magna corpora et tantum ad impetum valida ; laboris atque operum non eadem patientia ; minimeque sitim

dans ses longs et fabuleux voyages, fut poussé sur cet Océan, et aborda en Germanie ; qu'Asciburgium , ville située sur le Rhin, et qui existe encore aujourd'hui, a été bâtie par lui et lui doit son nom : qu'on y a même trouvé anciennement un autel consacré à Ulysse, ainsi qu'à son père Laërte, et que sur les confins de la Germanie et de la Rhétie il existe encore des monuments et quelques tombeaux avec des inscriptions en caractères grecs. Mon dessein n'est ni de prouver, ni de réfuter ces assertions : chacun peut, à son gré, les rejeter ou les croire.

IV. Je me range , quant à moi, à l'opinion de ceux qui pensent que les peuples de la Germanie n'ont été dénaturés par aucune alliance étrangère, que c'est une nation exclusive , sans mélange , et qui ne ressemble qu'à elle-même. Aussi, quoiqu'elle soit très-étendue , on retrouve partout un caractère générique, des yeux bleus et féroces, des cheveux roux, une haute stature, des corps massifs mais qui n'ont de vigueur que pour un premier choc. Incapables de fatigue et

delatum in hunc Oceanum	porté sur cette mer
illo errore longo	dans ce (son) voyage long
et fabuloso,	et fabuleux,
adisse terras Germaniæ,	avoir abordé aux terres de Germanie,
Asciburgiumque,	et Asciburgium,
quod situm in ripa Rheni,	laquelle *est* située sur une rive du Rhin,
incoliturque hodie,	et est *encore* habitée aujourd'hui,
constitutum	*avoir été* fondée
nominatumque ab eo.	et *avoir été* nommée par lui.
Quin etiam aram	Bien-plus *ils disent* un autel
consecratam Ulyssi,	consacré à Ulysse,
nomine patris Laertæ	le nom de *son* père Laerte
adjecto,	étant ajouté *au sien*,
repertam olim eodem loco;	*avoir été* trouvé jadis au même endroit;
monumentaque,	et des monuments,
et quosdam tumulos	et certains tombeaux
inscriptos litteris Græcis,	ornés-d'inscriptions en caractères grecs,
exstare adhuc in confinio	exister encore sur la limite
Germaniæ Rhœtiæque.	de la Germanie et de la Rhétie.
Quæ est in animo	Lesquels *faits* il n'est dans *mon* intention
neque confirmare	ni de confirmer
argumentis,	par des preuves,
neque refellere :	ni de réfuter :
quisque ex suo ingenio	que chacun à son gré
demat vel addat fidem.	*leur* ôte ou *leur* ajoute croyance.
IV. Ipse	IV. Moi-même
accedo opinionibus	je me range au sentiment
eorum qui arbitrantur	de ceux qui pensent
populos Germaniæ	les peuples de la Germanie
infectos nullis connubiis	n'ayant été altérés par aucune alliance
aliorum nationum,	d'autres peuples,
exstitisse gentem	avoir été une nation
propriam et sinceram	particulière et sans-mélange
et similem tantum sui.	et semblable seulement à elle-même.
Unde habitus quoque	D'où (aussi) l'extérieur même
corporum,	de *leurs* corps,
quanquam	quoique
in tanto numero hominum,	dans un si-grand nombre d'hommes,
idem omnibus;	*est* le même pour tous;
oculi truces et cærulei,	des yeux farouches et bleus,
comæ rutilæ,	des chevelures rousses,
corpora magna	des corps grands
et valida	et puissants
tantum ad impetum;	seulement pour une action-vive;
patientia	la résistance
laboris atque operum	au travail et aux fatigues
non eadem;	n'*est* pas la même (également puissante);

æstumque tolerare, frigora atque inediam cœlo solove assue-
verunt.

V. Terra, etsi aliquanto specie differt, in universum tamen
aut silvis horrida aut paludibus fœda : humidior qua Gallias,
ventosior qua Noricum ac Pannoniam adspicit; satis ferax ;
frugiferarum arborum impatiens; pecorum fecunda, sed plerumque improcera[1] ; ne armentis[2] quidem suus honor aut
gloria frontis : numero gaudent, eæque solæ et gratissimæ opes
sunt. Argentum et aurum propitii an irati dii negaverint, dubito. Nec tamen affirmaverim nullam Germaniæ venam argentum aurumve gignere : quis enim scrutatus est? possessione et usu haud perinde afficiuntur. Est videre apud illos
argentea vasa, legatis et principibus eorum muneri data, non
in alia vilitate quam quæ humo finguntur; quanquam proximi,

de travail, ne supportant ni la soif ni la chaleur, ils doivent à leur
sol et à leur climat de résister au froid et à la faim.

V. Le pays, quoiqu'il ne soit point absolument le même partout,
est, en général, ou hérissé de forêts ou infecté de marécages, humide du côté des Gaules, battu des vents vers le Norique et la Pannonie ; il est fertile en grains, mais se refuse à toute espèce d'arbres
fruitiers : le bétail y abonde, mais le plus communément il est
petit. Les bœufs même y ont perdu la gloire et la parure de leur front.
On aime le grand nombre des troupeaux ; c'est la seule richesse des
Germains, celle qu'ils estiment le plus. Les dieux, dirai-je dans
leur bonté ou dans leur colère? leur ont refusé l'or et l'argent. Je n'affirmerais pas toutefois qu'il ne s'en trouve aucune mine en Germanie :
car qui les a fouillées? La possession et les avantages de ces métaux ne
les touchent pas, à beaucoup près, comme nous. On voit chez eux
des vases d'argent, donnés en présents à leurs députés et à leurs
chefs, et dont ils ne font pas plus de cas que de vases d'argile.
Cependant, ceux qui habitent le long de nos frontières, et qui font

assueveruntque minime et ils ne sont accoutumés nullement
tolerare à supporter
sitim æstumque, la soif et la chaleur,
cœlo solove *mais* par *leur* ciel ou *leur* sol
frigora atque inediam. *ils supportent* le froid et la faim.

V. Terra, V. La terre,
etsi differt aliquanto specie, quoiqu'elle varie un peu par l'aspect,
in universum tamen en général cependant
aut horrida silvis, ou *est* hérissée de forêts,
aut fœda paludibus : ou *est* souillée de marécages :
humidior plus humide
qua adspicit Gallias, du-côté-où elle regarde les Gaules,
ventosior plus exposée-au-vent
qua Noricum du-côté-où *elle regarde* le Norique
ac Pannoniam ; et la Pannonie ;
ferax satis ; fertile en grains ;
impatiens *mais* ne-pouvant-supporter (nourrir)
arborum frugiferarum ; les arbres fruitiers ;
fecunda pecorum, féconde en bétail,
sed plerumque mais la-plupart-du-temps
improcera ; de-petite-taille (le bétail y est petit) ;
suus honor leur honneur (beauté)
aut gloria frontis ou la gloire (parure) de *leur* front
ne armentis quidem : n'*est* pas même aux bœufs :
gaudent numero, ils se réjouissent du *grand* nombre,
eæque opes et ces richesses
sunt solæ et gratissimæ. sont les seules et les plus agréables.
Dubito Je ne-sais
propitii *si c'est étant* propices (par bonté)
an irati ou irrités (par colère)
dii negaverint *que* les dieux *leur* ont refusé
argentum et aurum. l'argent et l'or.
Nec tamen affirmaverim Et pourtant je n'affirmerais pas
nullam venam Germaniæ aucune mine de Germanie
gignere ne produire
argentum aurumve : de l'argent ou de l'or ;
quis enim scrutatus est? qui en effet *les* a fouillées?
haud afficiuntur ils ne sont pas touchés
possessione et usu par la possession et l'usage *de ces métaux*
perinde. de même *que nous.*
Est videre apud illos Il est à (on peut) voir chez eux
vasa argentea des vases d'-argent
data muneri legatis donnés en présent aux envoyés
et principibus eorum, et aux chefs d'eux,
ne vilitate non alia dans une basse-valeur non autre
quam quæ finguntur humo; que ceux qui sont façonnés de terre ;
quanquam proximi, cependant les plus proches *de nous,*

ob usum commerciorum, aurum et argentum in pretio habent, formasque quasdam nostræ pecuniæ agnoscunt atque eligunt; interiores simplicius et antiquius permutatione mercium utuntur. Pecuniam probant veterem et diu notam, serratos bigatosque [1]. Argentum quoque magis quam aurum sequuntur, nulla affectione animi, sed quia numerus argenteorum facilior usui est promiscua ac vilia mercantibus.

VI. Ne ferrum quidem superest, sicut ex genere telorum colligitur. Rari gladiis aut majoribus lanceis utuntur ; hastas, vel ipsorum vocabulo *frameas,* gerunt, angusto et brevi ferro, sed ita acri et ad usum habili, ut eodem telo, prout ratio poscit, vel cominus vel eminus pugnent. Et eques quidem scuto frameaque contentus est; pedites et missilia spargunt, plura singuli, atque in immensum vibrant : nudi aut sagulo leves;

---

un peu de commerce, attachent quelque prix à l'or et à l'argent ; ils connaissent quelques-unes de nos monnaies et les prennent de préférence. Ceux de l'intérieur ont conservé la simplicité antique, et trafiquent par échange ; les autres préfèrent nos monnaies anciennes, celles qui ont cours depuis longtemps, comme les *serrati* et les *bigati.* Ils recherchent plus volontiers l'argent que l'or, non qu'ils y mettent de la prédilection, mais parce que des pièces d'argent sont plus commodes pour qui n'achète que des marchandises communes et de peu de valeur.

VI. Le fer même n'abonde pas chez eux, à en juger par leurs armes. Peu font usage d'épées ou de longues lances; ils ont des piques ou *framées,* comme ils les appellent, armées d'un fer court et étroit, mais bien acérées, et si maniables que la même arme, selon les circonstances, leur sert pour combattre de près ou de loin. Le bouclier et cette framée composent toute l'armure de la cavalerie ; l'infanterie porte, de plus, des javelots. Chaque fantassin en a plusieurs, et il les lance à des distances incroyables. Ils sont nus ou à

ob usum commerciorum,	en-raison-de l'usage du commerce,
habent in pretio	ont en prix (estiment)
aurum et argentum,	l'or et l'argent,
agnoscuntque	et reconnaissent
atque eligunt	et choisissent
quasdam formas	quelques modèles
nostræ pecuniæ;	de notre monnaie;
interiores utuntur	ceux de-l'intérieur usent
simplicius et antiquius	plus simplement et plus à-l'antique
permutatione mercium.	de l'échange des marchandises.
Probant pecuniam veterem	Ils préfèrent la monnaie vieille
et notam diu,	et connue depuis-longtemps,
serratos bigatosque.	*par exemple* les serrati et les bigati.
Sequuntur quoque	Ils suivent (recherchent) aussi
argentum	l'argent
magis quam aurum,	plus que l'or, [férence),
nulla affectione animi,	*et cela* par aucune disposition d'esprit (pré-
sed quia numerus	mais parce que le nombre (la monnaie)
argenteorum	des pièces-d'argent
est facilior usui	est plus facile à l'usage
mercantibus	pour des *gens* qui achètent
promiscua	des *objets* communs
ac vilia.	et de-peu-de-valeur.
VI. Ne ferrum quidem	VI. Le fer même
superest,	n'est-pas-en-abondance *chez eux*,
sicut colligitur	comme il est recueilli (jugé)
ex genere telorum.	d'après le genre des armes-de-trait.
Rari utuntur gladiis	Peu se servent de glaives
aut lanceis majoribus;	ou de lances plus grandes (longues);
gerunt hastas,	ils portent des piques,
vel frameas	ou framées
vocabulo ipsorum,	d'après la dénomination d'eux-mêmes,
ferro angusto et brevi,	d'un fer étroit et court,
sed ita acri	mais tellement aigu
et habili ad usum,	et approprié à l'usage,
ut eodem telo,	qu'avec le même trait,
prout ratio poscit,	selon que l'occasion *le* demande,
pugnent vel cominus	il combattent soit de près
vel eminus.	soit de loin.
Et eques quidem	Et le cavalier certes
est contentus	est satisfait (se contente)
scuto frameaque:	du bouclier et de la framée;
pedites	les fantassins
spargunt et missilia,	répandent (lancent) aussi des javelots.
singuli plura,	chacun *en lance* plusieurs,
atque vibrant	et ils *les* dardent
in immensum:	à une *distance* immense:

nulla cultus jactatio ; scuta tantum lectissimis coloribus distin-
guunt; paucis loricæ; vix uni alterive cassis aut galea[1]. Equi
non forma, non velocitate conspicui ; sed nec variare gyros in
morem nostrum docentur : in rectum aut uno flexu dextros
agunt[2], ita conjuncto orbe, ut nemo posterior sit. In universum
æstimanti, plus penes peditem roboris ; eoque mixti prælian-
tur, apta et congruente ad equestrem pugnam velocitate peditum, quos ex omni juventute delectos ante aciem locant.
Definitur et numerus : centeni ex singulis pagis sunt; idque
ipsum inter suos vocantur[3], et quod primo numerus fuit, jam
nomen et honor est. Acies per cuneos componitur. Cedere loco,
dummodo rursus instes, consilii quam formidinis arbitrantur.
Corpora suorum etiam in dubiis prœliis referunt. Scutum reli-
quisse, præcipuum flagitium ; nec aut sacris adesse, aut con-

peine couverts d'un léger sayon. Nulle recherche dans leur parure ;
leurs boucliers seulement sont peints des plus riches couleurs ; on voit
peu de cuirasses dans leurs rangs, à peine un ou deux casques. Leurs
chevaux ne ne sont remarquables ni par la beauté ni par la vitesse :
d'ailleurs, on ne les forme point aux évolutions comme les nôtres.
Ils ne savent que les pousser en avant, ou tout au plus les détourner
à droite ; mais ils forment si bien le cercle que nul ne reste en arrière.
A tout prendre, leur force est dans l'infanterie, et ils en entremêlent
toujours à la cavalerie dans les combats ; ils ont des fantassins d'une
vitesse singulière, merveilleusement dressés à ce genre de combat,
qu'ils choisissent parmi leur jeunesse ; et qu'ils placent au premier
rang. Le nombre en est fixé ; chaque canton en fournit cent, et
on les appelle, parmi eux, les *cent;* ce qui était le nombre est de-
venu le nom et un titre d'honneur. Le coin est leur ordre de bataille.
Qu'on lâche pied, sauf ensuite à revenir à la charge, c'est de la pru-
dence plutôt que de la lâcheté. Même dans les combats malheureux
ils emportent leurs morts. Le comble du déshonneur est d'avoir
abandonné son bouclier, et le guerrier ainsi flétri est exclu des sa-

nudi	ils sont nus [ger sayon) ;
aut leves sagulo ;	ou légers par un sayon (couverts d'un lé-
nulla jactatio cultus ;	aucune ostentation de la parure ;
tantum distinguunt scuta	seulement ils nuancent *leurs* boucliers
coloribus lectissimis ;	de couleurs très-choisies (éclatantes) ;
loricæ paucis ;	des cuirasses *sont* à un petit-nombre ;
cassis aut galea	le casque-de-métal ou le casque-de-peau
vix uni alterive.	*est* à peine à un ou à un autre (un ou deux).
Equi conspicui	*Leurs* chevaux *ne sont* remarquables
non forma, non velocitate ;	ni par la beauté, ni par la vitesse ;
sed nec docentur	et d'ailleurs ils ne sont pas instruits
variare gyros	à varier des évolutions
in nostrum morem :	à notre manière :
agunt in rectum	ils *les* poussent en *ligne* directe
aut dextros uno flexu,	ou à-droite par un seul détour,
orbe conjuncto ita	la courbe étant unie tellement
ut nemo sit posterior.	que personne n'est en-arrière.
Æstimanti in universum,	Pour celui qui juge en général,
plus roboris	plus de force (la plus grande force)
penes peditem ;	*est* dans le fantassin ;
eoque præliantur mixti,	et pour cela ils combattent mêlés,
velocitate peditum	la vitesse de *certains* fantassins
quos locant	qu'ils placent [rang),
ante aciem,	devant la ligne-de-bataille (au premier
delectos ex omni juventute,	choisis parmi toute la jeunesse,
apta et congruente	*étant* unie et s'accordant
ad pugnam equestrem.	au combat de-cavalerie.
Et numerus definitur :	Même la quantité *en* est fixée :
sunt centeni	ils sont *au nombre de* cent
ex singulis pagis ;	de chaque bourg ;
vocanturque inter suos	et ils sont appelés parmi les leurs
id ipsum,	de ce *nom* même (les cent),
et quod primo fuit numerus	et *ce* qui d'abord fut un nombre
est jam nomen	est désormais un nom
et honor.	et un titre-d'honneur.
Acies componitur	L'ordre-de-bataille est arrangé
per cuneos.	par coins.
Arbitrantur cedere loco,	Ils pensent *que* s'en aller d'un endroit,
dummodo instes rursus,	si-toutefois vous approchez de nouveau,
consilii	*être (est)* plutôt *l'effet* de la sagesse
quam formidinis.	que de la crainte.
Referunt corpora suorum	Ils emportent les corps des leurs
etiam in prœliis dubiis,	même dans les combats douteux (malheu-
Reliquisse scutum,	Avoir abandonné *son* bouclier, [reux).
præcipuum flagitium ;	*est* un insigne déshonneur ;
nec fas ignominioso	et *il* n'*est* pas permis au *guerrier* flétri
aut adesse sacris,	ou d'assister aux sacrifices,

silium inire, ignominioso fas; multique superstites bellorum
infamiam laqueo finierunt.

VII. Reges ex nobilitate, duces ex virtute sumunt[1]. Nec
regibus infinita aut libera potestas ; et duces exemplo potius
quam imperio, si prompti, si conspicui, si ante aciem agant,
admiratione præsunt. Ceterum neque animadvertere[2], neque
vincire, ne verbare quidem, nisi sacerdotibus permissum : non
quasi in pœnam, nec ducis jussu, sed velut deo imperante
quem adesse bellantibus credunt. Effigiesque et signa quædam,
detracta lucis, in prœlium ferunt. Quodque præcipuum fortitudinis incitamentum est, non casus nec fortuita conglobatio
turmam aut cuneum facit, sed familiæ et propinquitates ; et in
proximo pignora, unde feminarum ululatus audiri, unde vagitus infantium : hi cuique sanctissimi testes, hi maximi lauda-

crifices et des assemblées. Aussi l'on a vu des guerriers, sauvés du
combat, mettre fin par un nœud coulant à leur infamie.

VII. Pour leurs rois, ils consultent la naissance ; pour leurs généraux, la valeur. Les rois n'ont pas une puissance illimitée et arbi-
traire, et les généraux commandent par l'exemple plus que par
l'autorité. S'ils sont actifs, s'ils se distinguent, s'ils combattent au
premier rang, l'admiration fait leur titre. Nul n'a le droit de punir,
ni d'emprisonner, ni même de frapper, à l'exception des prêtres ;
encore ceux-ci ne punissent-ils pas ; ils ne donnent pas des ordres,
ils ne font en quelque sorte qu'exécuter le commandement du dieu
qu'ils croient présider aux batailles. Ils portent dans les combats
des étendards et des espèces d'enseignes qu'ils tiennent en dépôt dans
leurs bois sacrés ; et, ce qui est un puissant aiguillon pour la valeur,
ce n'est pas le hasard ni un attroupement fortuit qui compose
chaque bande d'infanterie ou de cavalerie, c'est une famille entière, ce sont tous les parents. Ils ont près d'eux les gages de leur
amour ; ils peuvent entendre les hurlements de leurs femmes, les va-

aut inire consilium ;
multique
superstites bellorum
finierunt infamiam
laqueo.
    VII. Sumunt reges
ex nobilitate,
duces ex virtute.
Et potestas
non infinita aut libera
regibus ;
et duces potius exemplo
quam imperio,
si prompti,
si conspicui,
si agant
ante aciem,
præsunt admiratione.
Neque animadvertere,
neque vincire,
ne verberare quidem,
permissum ceterum
nisi sacerdotibus :
non quasi in pœnam,
nec jussu ducis,
sed velut deo imperante,
quem credunt
adesse bellantibus.
Feruntque in prœlium
effigies et quædam signa,
detracta lucis.
Quodque est
præcipuum incitamentum
fortitudinis,
non casus
nec conglobatio fortuita
facit
turmam
aut cuneum,
sed familiæ,
et propinquitates ;
et in proximo
pignora,
unde ululatus feminarum,
unde vagitus infantium
audiri :
hi testes sanctissimi,

ou d'entrer au conseil ;
et beaucoup
survivant aux guerres
ont mis-un-terme-à *leur* infamie
par un nœud-coulant.
    VII. Ils choisissent *leurs* rois
d'après la noblesse,
leurs généraux d'après le courage.
Et la puissance
n'*est* pas sans-bornes ou sans-entrave
pour les rois ;
et *les chefs étant* chefs plutôt par l'exemple
que par le pouvoir,
s'*ils sont* actifs,
s'*ils sont* attirant-les-regards,
s'ils agissent   [rang),
devant la ligne-de-bataille (au premier
ils commandent par l'admiration.
Ni punir,
ni emprisonner,
ni frapper même,
n'*est* permis du reste
si *ce* n'*est* aux prêtres :
non comme en punition,
et-non par l'ordre du chef,
mais comme un dieu *l*'ordonnant,
lequel *dieu* ils croient
être-à-côté des combattants.
Et ils portent au combat
des images et certains étendards,
tirés de *leurs* bois-sacrés.
Et ce qui est
le principal aiguillon
du courage,
ce n'*est* pas le hasard
ni un attroupement fortuit
qui fait (compose)
chaque bande-de-cavalerie
ou *chaque* coin-d'-infanterie,
mais *ce sont* les familles,
et les parentés ;
et dans *un endroit* tout-proche
sont les gages-de-leur-amour,
d'où les hurlements des femmes,
d'où les vagissements des enfants
peuvent être entendus :
ces témoins *sont* les plus saints,

tores. Ad matres, ad conjuges vulnera ferunt; nec illæ numerare aut exigere [1] plagas pavent : cibosque et hortamina
pugnantibus gestant.

VIII. Memoriæ proditur quasdam acies, inclinatas jam et
labantes, a feminis restitutas, constantia precum et objectu
pectorum, et monstrata cominus captivitate, quam longe impatientius feminarum suarum nomine timent : adeo ut efficacius obligentur animi civitatum, quibus inter obsides puellæ
quoque nobiles imperantur. Inesse quin etiam sanctum aliquid
et providum putant, nec aut consilia earum aspernantur aut
responsa negligunt. Vidimus sub divo Vespasiano Veledam,
diu apud plerosque numinis loco habitam [2]; sed et olim Auriniam et complures alias venerati sunt, non adulatione, nec
tanquam facerent deas [3].

IX. Deorum maxime Mercurium colunt [4], cui, certis diebus,

gissements de leurs enfants : ce sont pour eux les témoins les plus
redoutables, les panégyristes les plus flatteurs. C'est à leurs mères,
à leurs femmes qu'ils portent leurs blessures, et elles ne craignent
point de compter les plaies et d'en sonder la profondeur. De leur côté,
elles portent aux combattants de la nourriture et des encouragements.

VIII. On raconte que des armées déjà ébranlées et en déroute
ont été ralliées par des femmes, à force de prières. Elles présentaient
leur sein aux fuyards, en leur peignant les horreurs de la captivité
qui les attendait, captivité qu'ils redoutent bien plus pour leurs
femmes que pour eux-mêmes. Ce sentiment est tel que, pour s'as-
surer plus efficacement de la fidélité d'un canton, on exige aussi,
dans le nombre des otages, quelques filles de distinction. Bien mieux,
ils supposent aux femmes un caractère sacré, une inspiration di-
vine, ce qui fait qu'ils ne dédaignent pas leurs avis, et ne négligent
pas leurs conseils. Nous avons vu, sous Vespasien, Véléda regardée
longtemps par la plus grande partie de la nation comme une divinité. Et anciennement ils rendirent un culte à Aurinia et à bien
d'autres, mais non point par adulation : ils ne s'imaginaient pas
faire des déesses.

IX. Le dieu qu'ils honorent le plus est Mercure; et même il est
des jours où ils se font un point de religion de lui sacrifier des vic-

hi laudatores maximi
cuique.
Ferunt vulnera
ad matres, ad conjuges;
nec illæ pavent
numerare
aut exigere plagas :
gestantque pugnantibus
cibos et hortamina.

ces panégyristes *sont* les plus grands
pour chacun.
Ils portent *leurs* blessures
à *leurs* mères, à *leurs* épouses ;
et celles-ci n'ont-pas-peur
de compter
ou de sonder les plaies :
et elles apportent aux combattants
des vivres et des exhortations.

VIII. Proditur memoriæ
quasdam acies,
jam inclinatas et labantes,
restitutas a feminis,
constantia precum
et objectu pectorum,
et captivitate
monstrata cominus,
quam timent
longe impatientius
nomine
suarum feminarum :
adeo ut animi civitatum,
quibus inter obsides
puellæ nobiles
imperantur quoque,
obligentur efficacius.
Quin etiam putant
aliquid sanctum
et providum inesse,
nec aut aspernantur
consilia earum
aut negligunt responsa.
Vidimus
sub divo Vespasiano
Veledam diu habitam
apud plerosque
loco numinis ;
sed et olim
venerati sunt Auriniam
et complures alias,
non adulatione,
nec tanquam
facerent deas.

VIII. Il est transmis à la tradition
des armées,
déjà ébranlées et chancelantes,
avoir été rétablies par les femmes,
par la constance de *leurs* prières
et par la présentation de *leurs* poitrines,
et par la captivité
montrée de-près,
laquelle *captivité* ils redoutent
bien plus impatiemment
au nom de (pour)
leurs femmes *que pour eux-mêmes* : [tés.
au point que les sentiments (la foi) des ci-
auxquelles parmi les ôtages
des filles nobles
sont exigées aussi,
sont liés plus efficacement.
Bien plus ils pensent
quelque chose de divin
et de prophétique être-dans *les femmes*,
et ou (ni) ils ne dédaignent
les conseils d'elles
ou (ni) ne méprisent *leurs* réponses.
Nous avons vu
sous le divin Vespasien
Véléda longtemps regardée
chez (par) la plupart *des Germains*
à la place de (comme) une divinité ;
et encore avant-ce-temps
ils honorèrent Aurinia
et bien d'autres,
non par flatterie,
ni comme-si
ils *en* faisaient des déesses.

IX. Colunt Mercurium
maxime deorum,
cui, diebus certis,
habent fas litare

IX. Ils honorent Mercure
le plus entre les dieux,
auquel *Mercure*, à des jours fixés,
ils regardent *comme* permis de sacrifier

humanis quoque hostiis litare fas habent. Herculem ac Martem concessis animalibus [1] placant; pars Suevorum et Isidi
sacrificat. Unde causa et origo peregrino sacro parum comperi:
nisi quod signum ipsum, in modum liburnæ [2] figuratum, docet
advectam religionem. Ceterum nec cohibere parietibus deos,
neque in ullam humani oris speciem assimulare, ex magnitudine cœlestium arbitrantur : lucos ac nemora consecrant,
deorumque nominibus appellant secretum illud, quod sola reverentia vident.

X. Auspicia sortesque, ut qui maxime, observant. Sortium
consuetudo simplex : virgam [3], frugiferæ arbori decisam, in
surculos amputant, eosque, notis quibusdam discretos, super
candidam vestem temere ac fortuito spargunt; mox, si publice
consulatur, sacerdos civitatis, sin privatim, ipse paterfamiliæ,
precatus deos cœlumque suspiciens, ter singulos tollit, sublatos

times humaines : des offrandes d'animaux apaisent Hercule et Mars.
Une partie des Suèves sacrifie aussi à Isis ; d'où et comment leur est venu
ce culte étranger, c'est ce que je n'ai pu savoir. Seulement, comme ils
représentent la déesse sous la forme d'un vaisseau, on pense que ce culte
est une importation d'outre-mer. Ils trouvent qu'emprisonner les dieux
dans des murailles, comme les représenter sous une forme humaine,
est indigne de la majesté céleste : et ils donnent le nom de dieu à
ce mystère des solitudes qu'ils adorent, mais qu'ils ne voient pas.

X. Il n'est pas de nation qui croie davantage aux auspices et à la
divination. Leur méthode dans cet art est simple. Ils coupent une
baguette d'arbre fruitier en plusieurs morceaux, qu'ils distinguent
par différentes marques, et qu'ils jettent ensuite au hasard et pêle-
mêle sur une étoffe blanche. Le prêtre du canton, s'il s'agit d'une
affaire publique, le père de famille lui-même, s'il s'agit d'une affaire
privée, après une prière aux dieux, les yeux levés vers le ciel, prend

quoque hostiis humanis.

Placant

Herculem ac Martem

animalibus

concessis ;

pars Suevorum

sacrificat et Isidi.

Parum comperi

unde causa et origo

sacro peregrino :

nisi quod signum ipsum,

figuratum

in modum liburnæ,

docet religionem

advectam.

Arbitrantur ceterum,

nec cohibere deos

parietibus,

neque assimulare

in ullam speciem

oris humani,

ex magnitudine

cœlestium :

consecrant lucos

ac nemora,

appellantque

nominibus deorum

illud secretum,

quod vident sola reverentia.

X. Observant auspicia

sortesque,

ut qui maxime.

Consuetudo sortium

simplex :

amputant in surculos

virgam

decisam arbori frugiferæ,

eosque spargunt

discretos quibusdam notis

temere ac fortuito

super vestem candidam ;

mox sacerdos civitatis,

si consulatur publice,

paterfamiliæ ipse,

sin privatim,

precatus deos

suspiciensque cœlum,

même avec des victimes humaines.

Ils apaisent

Hercule et Mars

avec des animaux

permis (qu'il est permis de sacrifier) ;

une partie des Suèves

sacrifie aussi à Isis.

J'ai peu (je n'ai point) découvert

d'où *provient* la cause et l'origine

à (de) *ce* culte étranger :

si ce n'est que le symbole lui-même,

figuré

en forme de navire-léger,

nous apprend le rite

avoir été importé *d'outre-mer*.

Ils pensent d'ailleurs,

ni emprisonner les dieux

dans des murailles,

ni *les* représenter

en (par) quelque apparence

de la figure humaine,

être de (digne de) la grandeur

des habitants-du-ciel :

ils consacrent des bois

et des forêts,

et ils appellent

des noms de dieux

ce mystère,

qu'ils voient par le seul respect.

X. Ils observent les auspices

et les présages,

comme ceux qui *les observent* le plus

La coutume (manière) de *consulter* les

est simple :   [présages

ils taillent en baguettes

une branche

coupée à un arbre fruitier,

et ils les jettent

marquées de certains signes

pêle-mêle et au hasard

sur une étoffe blanche ;

puis le prêtre de la cité,

si *l'oracle* est consulté pour l'Etat,

le chef-de-famille lui-même,

si-au-contraire pour-un-particulier,

priant les dieux

et regardant le ciel,

secundum impressam ante notam interpretatur. Si prohibue-
runt, nulla de eadem re in eumdem diem consultatio; sin permissum, auspiciorum adhuc fides exigitur. Et illud quidem
etiam hic notum, avium voces volatusque interrogare. Proprium gentis, equorum quoque præsagia ac monitus experiri[1]:
publice aluntur iisdem nemoribus ac lucis, et candidi nullo
mortali opere contacti; quos pressos sacro curru sacerdos ac
rex vel princeps civitatis comitantur, hinnitusque ac fremitus
observant. Nec ulli auspicio major fides, non solum apud plebem, sed apud proceres, apud sacerdotes : se enim ministros
deorum, illos conscios putant. Est et alia observatio auspiciorum, qua gravium bellorum eventus explorant : ejus gentis,
cum qua bellum est, captivum quoquo modo interceptum,

trois fois chaque morceau, et donne son oracle, selon la marque
qu'il présente. S'il y a défense, de tout le jour ils ne consulteront
le sort sur la même affaire; s'il y a permission, on exige encore une
confirmation des auspices. Là, comme chez nous, on a coutume
d'interroger le vol et le chant des oiseaux; ce qui leur est particulier, c'est d'observer également les chevaux, et d'en tirer des présages. C'est dans ces mêmes forêts religieuses qu'on nourrit, aux
frais de la cité, des chevaux blancs que l'on se garde bien d'assujettir
à aucun service profane. On les attelle au char sacré, le prêtre et le
roi, ou le chef du canton les accompagnent, et remarquent comment leur bouche hennit, comment leurs naseaux frémissent. Il n'y
a point d'auspice plus accrédité, non-seulement dans le peuple, mais
chez les grands, chez les prêtres. Ceux-ci sont les ministres de la
divinité, les chevaux en sont les confidents. Ils ont encore une autre
manière de prendre les auspices lorsqu'ils veulent connaître l'issue
d'une guerre importante. Ils tâchent de se procurer, de façon ou
d'autre, un prisonnier de la nation ennemie, et ils le font battre

tollit ter	lève trois-fois
singulos,	*les baguettes* les-unes-après-les-autres,
interpretatur sublatos	*et les* explique *ainsi* soulevées
secundum notam	d'après le signe
impressam ante.	marqué auparavant.
Si prohibuerunt,	Si elles (les baguettes) ont défendu *d'agir,*
nulla consultatio	aucune *autre* consultation *n'a lieu*
de eadem re	sur le-même sujet
in eumdem diem ;	durant le même jour ;
sin permissum,	mais-si *l'entreprise est* permise,
fides auspiciorum	l'oracle des auspices
exigitur adhuc.	est exigé en outre.
Et illud quidem etiam	Car cela même aussi
notum hic,	*est* connu ici,
interrogare voces avium	*à savoir* interroger les voix des oiseaux
volatusque.	et *leurs différents* vols. [*cette* nation,
Proprium gentis,	*Mais un usage qui est* particulier de (à)
experiri quoque	c'est de tenter aussi
præsagia ac monitus	les présages et avertissements
equorum :	des chevaux : [l'État
aluntur publice	*des chevaux* sont nourris aux-frais-de-
iisdem nemoribus	dans les mêmes forêts
ac lucis,	et les *mêmes* bois-sacrés *dont j'ai parlé,*
candidi et contacti	blancs et souillés
nullo opere mortali ;	par aucun ouvrage mortel (profane) ;
quos pressos curru sacro	lesquels chargés du char sacré
sacerdos ac rex	le prêtre et le roi
vel princeps civitatis	ou le premier de l'État
comitantur,	accompagnent,
observantque	et ils observent
hinnitus ac fremitus.	*leurs* hennissements et frémissements.
Nec fides major	Et la croyance n'*est* pas plus grande
ulli auspicio,	à aucun *autre* auspice,
non solum apud plebem,	non-seulement chez le peuple,
sed apud proceres,	mais-encore chez les grands,
apud sacerdotes :	chez les prêtres :
putant enim	ils croient en effet
se ministros deorum,	eux-mêmes *être* les ministres des dieux,
illos conscios.	eux (les chevaux) *en être* les confidents.
Est et alia observatio	*Il* existe aussi une autre observation
auspiciorum,	des auspices, [connaître)
qua explorant	par laquelle ils explorent (cherchent à
eventus	les résultats
bellorum gravium :	des guerres importantes :
committunt captivum	ils mettent-aux-prises un captif
interceptum quoquo modo	pris de n'importe-quelle manière
cum electo	avec un *guerrier* choisi

cum electo popularium suorum, patriis quemque armis, com-
mittunt : victoria hujus vel illius pro præjudicio accipitur.

XI. De minoribus rebus principes consultant, de majoribus
omnes : ita tamen ut ea quoque, quorum penes plebem arbitrium est, apud principes pertractentur. Coeunt, nisi quid
fortuitum et subitum inciderit, certis diebus, quum aut inchoatur luna aut impletur : nam agendis rebus hoc auspicatissimum initium credunt. Nec dierum numerum, ut nos, sed
noctium [1] computant. Sic constituunt, sic condicunt [2] : nox
ducere diem videtur. Illud ex libertate vitium, quod non simul,
nec ut jussi, conveniunt, sed et alter et tertius dies cunctatione
coeuntium absumitur. Ut turba placuit, considunt armati. Silentium per sacerdotes, quibus tum et coercendi jus est, impe-

avec un de leurs plus braves champions, chacun avec les armes de
son pays : la victoire de l'un ou de l'autre est un pronostic pour le
parti.

XI. Les affaires peu importantes sont réglées par les chefs ; les choses
sérieuses, par la nation ; cependant dans celles-ci même, dont la décision
appartient au peuple, la discussion est réservée aux chefs. Hormis des
cas extraordinaires et pressants, ils s'assemblent à des jours fixes,
au commencement de la nouvelle et de la pleine lune, temps qu'ils
jugent le plus favorable pour traiter les affaires. Nous comptons par
jours ; eux, ils comptent par nuits. Ils assignent à une certaine nuit,
ils conviennent d'une nuit, la nuit leur semble marcher avant le
jour. Un des inconvénients de leur liberté, c'est qu'ils n'arrivent
point à la fois, pour ne pas avoir l'air d'obéir à un ordre ; de là une
perte de deux ou trois jours par leur lenteur à se réunir. Lorsque
l'assemblée paraît suffisamment nombreuse, ils prennent place tout
armés. Les prêtres qui sont alors chargés de maintenir l'ordre com-

suorum popularium,
entre leurs compatriotes,

quemque armis patriis :
chacun avec les armes de-son-pays :

victoria hujus vel illius
la victoire de celui-ci ou de celui-là

accipitur
est acceptée

pro præjudicio.
pour (comme) un pronostic.

XI. De minoribus rebus
XI. Pour de plus légers sujets

principes consultant,
les principaux *de la cité* délibèrent,

de majoribus
pour des *sujets* plus graves

omnes :
tous *délibèrent* :

ita tamen
de-telle-sorte cependant

ut ea quoque,
que ces *projets-là* même,

quorum arbitrium
dont la décision

est penes plebem,
est au-pouvoir-du peuple,

pertractentur
soient traités

apud principes.
chez (par) les principaux.

Coeunt,
Ils se rassemblent,

nisi quid
à moins que quelque chose

fortuitum et subitum
d'imprévu et de soudain

inciderit,
ne soit arrivé,

diebus certis,
à des jours fixés,

quum luna aut inchoatur
quand la lune ou commence

aut impletur :
ou est-pleine :

nam credunt
car ils croient

hoc initium
ce point-de-départ

auspicatissimum
être le plus favorable

rebus agendis.
pour les affaires devant être traitées.

Nec computant
Et ils ne comptent pas

numerum dierum, ut nos,
le nombre des jours, comme nous,

sed noctium.
mais *celui* des nuits.

Sic constituunt,
C'est ainsi qu'ils assignent *une nuit,*

sic condicunt :
c'est ainsi *qu'*ils conviennent *d'une nuit :*

nox videtur
la nuit *leur* semble

ducere diem.
conduire (marcher avant) le jour.

Illud vitium
Cet (un) abus *existe*

ex libertate,
en raison de *leur* indépendance,

quod conveniunt
c'est qu'ils se rassemblent

non simul,
non tous-ensemble,

nec ut jussi,
ni comme *en* ayant-reçu-l'ordre,

sed et alter et tertius dies
mais et un second et un troisième jour

absumitur cunctatione
est dépensé par la lenteur

coeuntium.
des *guerriers* se réunissant.   [sante),

Ut turba placuit,
Dès que l'assemblée a plu (paraît suffi-

considunt armati.
ils prennent-place armés.

Silentium imperatur
Le silence est commandé

per sacerdotes,
par les prêtres,

quibus tum et jus est
à qui alors aussi le droit appartient

coercendi.
de réprimer *le désordre.*

ratur. Mox rex, vel princeps, prout ætas cuique, prout nobilitas, prout decus bellorum, prout facundia est, audiuntur, auctoritate suadendi magis quam jubendi potestate. Si displicuit sententia, fremitu aspernantur ; sin placuit, frameas concutiunt. Honoratissimum assensus genus est, armis laudare.

XII. Licet apud concilium accusare quoque, et discrimen capitis intendere. Distinctio pœnarum ex delicto : proditores et transfugas arboribus suspendunt ; ignavos, et imbelles, et corpore infames, cœno ac palude [1], injecta insuper crate, mergunt. Diversitas supplicii illuc respicit, tanquam scelera ostendi oporteat dum puniuntur, flagitia abscondi. Sed et levioribus delictis pro modo pœna : equorum pecorumque numero convicti mulctantur ; pars mulctæ regi vel civitati, pars ipsi qui vindicatur vel propinquis ejus exsolvitur. Eliguntur in

mandent le silence. Ensuite le roi, ou celui des chefs que distingue le plus son âge, sa naissance, sa considération militaire, son éloquence, prend la parole, et se fait écouter plutôt par l'ascendant de la persuasion que par l'autorité du commandement. Si son avis déplaît, ils le rejettent avec des murmures ; pour approuver, ils agitent leurs framées. Cette approbation, qui s'exprime par les armes, est la plus flatteuse.

XII. On peut aussi accuser devant ces assemblées, et y déférer les affaires criminelles. Les peines varient selon le délit : on pend à un arbre les traîtres et les transfuges ; les lâches, les efféminés et les gens déshonorés sont plongés dans la fange d'un marais, et noyés sous une claie. Cette diversité de supplices tient à l'opinion qu'il faut montrer la punition des crimes, mais cacher l'infamie. Il y a pour des fautes plus légères des peines proportionnées : les coupables sont condamnés à payer tant de chevaux, tant de bétail; une partie de l'amende est au profit du roi ou de la cité; l'autre, au profit de l'offensé ou de ses proches. C'est dans ces mêmes assem-

Mox rex, vel princeps,	Puis le roi, ou le premier *de l'Etat*,
prout ætas, prout nobilitas,	selon que l'âge, selon que la noblesse,
prout decus bellorum,	selon que la gloire des guerres,
prout facundia	selon que l'éloquence
est cuique,	est à chacun,
audiuntur,	sont écoutés,
magis auctoritate	plutôt par l'autorité (l'ascendant)
suadendi	de persuader (de la persuasion)
quam potestate jubendi.	que par le pouvoir de commander.
Si sententia displicuit,	Si l'avis a déplu,
aspernantur fremitu;	ils *le* rejettent par le murmure;
sin placuit,	mais-s'il a plu,
concutiunt frameas.	ils agitent leurs framées.
Laudare armis	Louer avec les armes
est genus assensus	est le mode d'assentiment
honoratissimum.	le plus honorable.
XII. Licet quoque	XII. Il est-permis également
accusare apud concilium,	d'accuser auprès-de l'assemblée,
et intendere	et de tendre (présenter, dresser) [tale).
discrimen capitis.	un danger de tête (une accusation capi-
Distinctio pœnarum	La différence des peines
ex delicto :	*est* d'après le délit :
suspendunt arboribus	ils pendent à des arbres
proditores et transfugas;	les traîtres et les transfuges;
mergunt cœno	ils plongent dans la vase
ac palude,	et dans un marais,
crate injecta insuper,	une claie étant jetée par-dessus,
ignavos et imbelles	les lâches et les efféminés
et infames corpore.	et les *gens* déshonorés de corps.
Diversitas supplicii	*Cette* diversité de supplice
respicit illuc,	regarde là (a pour but),
tanquam oporteat	comme s'il fallait (qu'il faut)
scelera ostendi,	les crimes être montrés,
dum puniuntur,	pendant qu'ils sont punis,
flagitia abscondi.	les infamies être cachées.
Sed et pœna	Mais aussi une peine *existe*
pro modo	selon la proportion
delictis levioribus :	pour les fautes plus légères :
convicti	les *coupables* convaincus
mulctantur	sont condamnés-à-une-amende
numero	d'un nombre *fixé*
pecorum equorumque;	de moutons et de chevaux;
pars mulctæ exsolvitur	une partie de l'amende est payée
regi vel civitati,	au roi ou à la cité,
pars ipsi	une partie à *celui-là* même
qui vindicatur,	qui est vengé (dont on venge l'offense),
vel propinquis ejus.	ou au parents de lui.

iisdem conciliis et principes, qui jura per pagos vicosque red-
dant. Centeni singulis ex plebe comites[1], consilium simul et
auctoritas, adsunt.

XIII. Nihil autem neque publicæ neque privatæ rei, nisi
armati[2], agunt. Sed arma sumere non ante cuiquam moris
quam civitas suffecturum probaverit. Tum in ipso concilio[3],
vel principum aliquis, vel pater, vel propinquus, scuto frameaque juvenem ornant : hæc apud illos toga, hic primus juventæ honos ; ante hoc, domus pars videntur, mox reipublicæ.
Insignis nobilitas aut magna patrum merita principis dignationem etiam adolescentulis assignant : ceteri robustioribus ac
jam pridem probatis aggregantur ; nec rubor inter comites
adspici. Gradus quin etiam et ipse comitatus[4] habet, judicio
ejus quem sectantur ; magnaque et comitum æmulatio, quibus
primus apud principem suum locus, et principum, cui plurimi

blées qu'on élit aussi les chefs qui rendent la justice dans les can
tons et dans les bourgades. On leur donne à chacun cent compagnons
tirés du peuple pour les conseiller tout à la fois et donner du poids
à leurs arrêts.

XIII. Ils ne traitent aucune affaire publique ou privée sans être
armés. Mais nul ne peut porter les armes avant que la cité ne l'en
ait jugé capable. En ce cas, c'est dans l'assemblée même que l'un
des chefs, le père ou un parent, décore le jeune homme du bouclier
et de la framée ; c'est leur robe virile, c'est le premier honneur dé-
cerné à là jeunesse ; jusque là, ils n'étaient que membres de la famille, ils deviennent membres de l'État. Une très-haute naissance,
ou les services signalés des ancêtres, donnent le rang de chef même
à des adolescents. Les autres s'engagent au service de guerriers plus
âgés, et qui ont fait depuis longtemps leurs preuves ; et il n'y a point de
honte à être parmi les compagnons. Il y a même des distinctions
attachées à ce rang, et que les chefs auxquels ils s'adjoignent leur dé-
cernent ; et il existe une grande émulation entre ceux-là, d'une part,

In iisdem conciliis	Dans les mêmes assemblées
eliguntur et principes	sont choisis également des chefs
qui reddant jura	qui rendent (pour rendre) la justice
per pagos vicosque.	par (dans) les cantons et les villages.
Singulis	A chacun *d'eux*
adsunt centeni comites	sont-adjoints cent compagnons
ex plebe,	*tirés* du peuple, conseiller
consilium simul	en-même-temps *comme* conseil (pour les
et auctoritas.	et *comme* autorité (pour leur donner de
XIII. Agunt autem nihil	XIII. Or ils ne traitent rien [l'autorité).
neque rei publicæ	ni d'affaire publique
neque privatæ,	ni *d'affaire* privée,
nisi armati.	si *ce* n'*est* armés.
Sed sumere arma	Mais prendre (porter) les armes
non moris cuiquam,	n'*est* pas d'usage à qui-que-ce soit,
ante quam	avant que
civitas probaverit	la cité n'ait éprouvé
suffecturum.	*lui* devoir en être capable.
Tum in concilio ipso	Alors dans le conseil même
vel aliquis principum,	ou un des chefs,
vel pater, vel propinquus,	ou le père, ou un parent,
ornant juvenem	décorent le jeune homme
scuto frameaque :	du bouclier et de la framée :
hæc toga apud illos,	c'*est* la toge chez eux,
hic primus honos juventæ;	c'*est* le premier honneur de la jeunesse;
ante hoc,	avant cela,
videntur	ils paraissent *être*
pars domus,	partie (membre) de la famille,
mox reipublicæ.	après *cela membre* de l'Etat.
Nobilitas insignis	Une noblesse illustre
aut magna merita patrum	ou de grands services des pères
assignant	assignent
dignationem principis	le rang de chef
etiam adolescentulis :	même à de tout-jeunes-gens :
ceteri	tous-les-autres
aggregantur robustioribus	s'attachent à des *chefs* plus robustes
ac probatis jam pridem;	et éprouvés depuis longtemps;
nec rubor	et *il* n'*y* a pas de honte
adspici inter comites.	à être vu parmi les compagnons.
Quin etiam	Bien plus
comitatus et ipse	aussi *ce* rang-de-compagnon même
habet gradus,	a des grades,
judicio	d'après le jugement
ejus quem sectantur :	de celui qu'ils suivent :
magnaque æmulatio	et une grande émulation *existe*
et comitum,	d'une-part des (entre les) compagnons,
quibus primus locus,	*pour lutter* à qui *sera* la première place,

et acerrimi comites. Hæc dignitas, hæ vires, magno semper
electorum juvenum globo circumdari ; in pace decus, in bello
præsidium. Nec solum in sua gente cuique, sed apud finitimas
quoque civitates, id nomen, ea gloria est, si numero ac virtute
comitatus emineat : expetuntur enim legationibus, et muneribus ornantur, et ipsa plerumque fama bella profligant.

XIV. Quum ventum in aciem, turpe principi virtute vinci ;
turpe comitatui virtutem principis non adæquare. Jam vero
infame in omnem vitam ac probrosum, superstitem principi
suo ex acie recessisse ¹ : illum defendere, tueri, sua quoque
fortia facta gloriæ ejus assignare, præcipuum sacramentum
est. Principes pro victoria pugnant ; comites pro principe. Si
civitas, in qua orti sunt, longa pace et otio torpeat, plerique

pour obtenir le premier rang auprès de leur chef; entre ceux-ci, de
l'autre, pour avoir le plus de compagnons et les plus braves. On n'a
de considération, on n'a de pouvoir qu'autant que l'on est sans cesse
entouré d'une troupe de jeunes gens nombreuse et choisie ; c'est un
honneur en temps de paix, c'est une défense pour la guerre. Et ce
n'est pas seulement dans la nation, c'est jusque chez les peuples
voisins que se répand ce bruit glorieux, qu'un chef est le premier
par le nombre et le courage de ses compagnons. On le recherche par
des ambassades; on le comble de présents ; le plus souvent sa renommée seule termine les guerres.

XIV. L'action une fois engagée, il est honteux au chef de le cé-
der en valeur, honteux aux compagnons de ne pas égaler leur chef.
Mais surtout c'est une action infâme et déshonorante à jamais de se
retirer du champ de bataille sans son général. Le défendre, le cou-
vrir de leur corps, rapporter à sa gloire leurs belles actions, tel est
leur serment le plus sacré. Les chefs combattent pour la victoire, les
compagnons pour le chef. Si leur cité languit dans la paix et dans

et principum ,	d'autre-part des (entre les) chefs ,
qui plurimi comites,	à qui *seront* le plus de compagnons,
et acerrimi.	et les plus actifs.
Hæc dignitas, hæ vires	*C'est* la dignité, *c'est* la puissance
semper circumdari	que d'être toujours entouré
magno globo	d'un grand cercle
juvenum electorum ;	de jeunes-gens d'-élite ;
decus in pace,	*c'est* un honneur dans la paix ,
præsidium in bello.	*c'est* un rempart dans la guerre.
Nec solum in sua gente ,	Et non-seulement dans sa nation ,
sed quoque	mais même
apud civitates finitimas	dans les cités voisines
id nomen ,	ce renom,
ea gloria est cuique,	cette gloire est à chacun,
si emineat	s'il se distingue (de se distinguer)
numero et virtute	par le nombre et le courage
comitatus :	de *sa* suite :
expetuntur enim	ils sont demandés en effet
legationibus,	par des ambassades ,
et ornantur muneribus,	et ils sont honorés de présents ,
et plerumque	et la plupart-du-temps
profligant bella	ils terminent les guerres
fama ipsa.	par *leur* renommée même.
XIV. Quum ventum	XIV. Quand *on en est* venu
in aciem ,	au combat,
turpe principi	*il est* honteux pour le chef
vinci virtute ;	d'être vaincu en courage ;
turpe comitatui	honteux pour les compagnons
non adæquare	de ne pas égaler
virtutem principis.	le courage du chef.
Jam vero infame	Mais de plus *c'est une action* infâme
ac probrosum	et déshonorante
in omnem vitam,	pour toute la vie,
recessisse ex acie	de s'être retiré de la ligne-de-bataille
superstitem suo principi.	survivant à son chef.
Illum defendere, tueri ,	Le défendre, *le* couvrir-de-son-corps ,
assignare quoque	attribuer même
sua facta fortia	ses actions courageuses
gloriæ ejus, [tum.	à la gloire de lui,
est præcipuum sacramen-	est le principal serment.
Principes pugnant	Les chefs combattent
pro victoria,	pour la victoire,
comites pro principe.	les compagnons pour le chef.
Si civitas,	Si la cité,
in qua orti sunt,	dans laquelle ils sont nés,
torpeat longa pace	est engourdie dans une longue paix
et otio,	et une *longue* oisiveté,

nobilium adolescentium petunt ultro eas nationes quæ tum bellum aliquod gerunt, quia et ingrata genti quies et facilius inter ancipitia clarescunt, magnumque comitatum non nisi vi belloque tueare : exigunt enim principis sui liberalitate illum bellatorem equum, illam cruentam victricemque frameam. Nam epulæ, et, quanquam incompti, largi tamen apparatus, pro stipendio cedunt : materia munificentiæ per bella et raptus. Nec arare terram aut exspectare annum tam facile persuaseris, quam vocare hostes et vulnera mereri :. pigrum quin imo et iners videtur sudore acquirere quod possis sanguine parare.

XV. Quoties bella non ineunt, non multum venatibus, plus per otium transigunt [1], dediti somno ciboque. Fortissimus quisque ac bellicosissimus, nihil agens, delegata domus et penatium et agrorum cura feminis senibusque et infirmissimo cui-

l'inaction, presque toute la jeune noblesse vient s'offrir d'elle-même aux peuples qui sont alors en guerre, parce que d'abord le repos est insupportable à la nation; qu'ensuite, au milieu des hasards, ils s'illustrent plus vite, et qu'enfin ils ne peuvent entretenir un grand nombre de compagnons que par la rapine et la guerre. C'est de la libéralité du chef qu'ils tiennent leur cheval de guerre, leur framée sanglante et victorieuse. En outre, une table grossière, sans doute, dispendieuse néanmoins, leur tient lieu de solde : le fonds de toutes ces dépenses est la guerre et le pillage. Ils vous écouteront bien moins si vous leur conseillez de labourer la terre ou d'attendre une récolte, que si vous les engagez à appeler les ennemis et à chercher des blessures : ils trouvent de la bassesse et de la lâcheté à acquérir par des sueurs ce qu'on peut avoir avec du sang.

XV. Tout le temps qu'ils ne sont point à la guerre, ils en passent un peu à chasser, beaucoup dans l'oisiveté, livrés au sommeil et à la bonne chère. On voit alors les plus braves et les plus belliqueux, dans une inaction totale, abandonner le soin de la famille, de la maison, des terres, aux femmes, aux vieillards, aux per-

plerique	la plupart
adolescentium nobilium	des jeunes-gens nobles
petunt ultro eas nationes,	vont-trouver d'eux-mêmes ces peuplades,
quæ tum	lesquelles alors
gerunt aliquod bellum,	font quelque guerre,
quia et	parce que et *d'une part*
quies ingrata genti,	le repos *est* désagréable à *cette* nation,
et	et *d'autre part*
clarescunt facilius	ils s'illustrent plus aisément
inter ancipitia,	au milieu des hasards,
neque tueare	et vous ne conserveriez pas
magnum comitatum	une grande suite
nisi vi belloque :	sinon par la violence et la guerre :
exigunt enim	ils réclament en effet
liberalitate sui principis	de la libéralité de leur chef
illum equum bellatorem,	ce cheval de-guerre,
illam frameam cruentam	cette framée sanglante
victricemque.	et victorieuse.
Nam epulæ et apparatus,	Car les banquets et les festins-d'apparat,
largi tamen	abondants néanmoins
quanquam incompti,	quoique sans-apprêts,
cedunt pro stipendio :	comptent pour solde :
materia munificentiæ	la source de *leur* munificence
per bella et raptus.	*est* dans les guerres et le pillage.
Nec persuaseris	Et vous ne *leur* persuaderiez pas
arare terram	de labourer la terre
aut exspectare annum,	ou d'attendre l'année (la récolte),
tam facile	aussi facilement
quam vocare hostes	que d'appeler des ennemis
et mereri vulnera :	et de gagner des blessures :
quin imo	bien plus
videtur pigrum et iners	il *leur* semble paresseux et lâche
acquirere sudore	d'acquérir par la sueur
quod possis parare	ce que vous pourriez obtenir
sanguine.	par le sang.
XV. Quoties	XV. Tout-le-temps-que
non ineunt bella,	ils ne vont pas en guerre,
transigunt	ils passent-leurs-jours
non multum venatibus,	non beaucoup dans les chasses,
plus per otium,	davantage dans l'oisiveté,
dediti somno ciboque.	livrés au sommeil et à la nourriture.
Quisque fortissimus	Tout *guerrier* très-brave (les plus braves)
ac bellicosissimus,	et très-belliqueux (les plus belliqueux),
agens nihil,	ne faisant rien,
cura domus et penatium	le soin de la maison et des pénates
et agrorum	et des champs
delegata feminis	étant délégué aux femmes

que ex familia, ipsi hebent : mira diversitate naturæ, quum iidem homines sic ament inertiam et oderint quietem. Mos est civitatibus ultro ac viritim conferre principibus, vel armentorum vel frugum [1], quod pro honore acceptum, etiam necessitatibus subvenit. Gaudent præcipue finitimarum gentium donis, quæ non modo a singulis, sed publice mittuntur : electi equi, magna arma, phaleræ, torquesque. Jam et pecuniam accipere docuimus.

XVI. Nullas Germanorum populis urbes habitari [2] satis notum est; ne pati quidem inter se junctas sedes. Colunt discreti ac diversi, ut fons, ut campus, ut nemus placuit. Vicos locant, non in nostrum morem, connexis et cohærentibus ædificiis; suam quisque domum spatio circumdat [3], sive adversus casus ignis remedium, sive inscitia ædificandi. Ne cæmentorum quidem apud illos aut tegularum usus : materia

sonnes les plus faibles, et languir dans le désœuvrement : étrange inconséquence dans le caractère de ces peuples, de haïr à ce point le travail, et de ne pouvoir souffrir le repos. Les cités sont dans l'usage d'offrir à leurs chefs un don personnel de bétail ou de grains. C'est un honneur tout à la fois et une subvention. Ce qui les flatte surtout, ce sont les présents des nations voisines, soit particuliers, soit publics, comme de beaux chevaux, des armes pesantes, des caparaçons et des colliers. Nous leur avons même appris à recevoir de l'argent.

XVI. On sait assez que les Germains n'ont point de villes; ils ne souffrent même pas que les maisons se touchent. Les habitations sont éparses et isolées; c'est une fontaine, c'est un champ, c'est un bois qui décident de l'emplacement. Ils ont des bourgades; mais les bâtiments ne sont point, comme chez nous, liés les uns aux autres : chaque maison est entourée d'un espace de terre, soit comme préservatif en cas d'incendie, soit ignorance dans l'art de bâtir. Ils ne connaissent même pas le moellon ni la tuile; ils n'emploient

senibusque
et cuique infirmissimo
ex familia,
hebent ipsi :
mira diversitate
naturæ,
quum iidem homines
ament sic inertiam
et oderint quietem.
Mos est civitatibus
conferre principibus
ultro ac viritim
vel armentorum,
vel frugum,
quod acceptum pro honore,
subvenit etiam
necessitatibus.
Gaudent præcipue
donis gentium finitimarum,
quæ mittuntur
non modo a singulis,
sed publice :
equi electi,
magna arma,
phaleræ torquesque.
Docuimus jam
accipere et pecuniam.

XVI. Est satis notum
nullas urbes habitari
populis Germanorum ;
ne pati quidem
sedes junctas inter se.
Colunt discreti ac diversi,
ut fons, ut campus,
ut nemus placuit.
Locant vicos,
non in nostrum morem,
ædificiis connexis
et cohærentibus ;
quisque circumdat spatio
suam domum,
sive remedium
adversus casus ignis,
sive inscitia ædificandi.
Ne usus quidem
cæmentorum
aut tegularum

et aux vieillards [faibles)
et à tout *individu* très-faible (aux plus
de la famille,
sont oisifs quant-à-eux :
et cela par une étrange contradiction
de caractère,
puisque les mêmes hommes
aiment à-ce-point l'inertie
et haïssent *à ce point* le repos.
La coutume est aux cités
d'apporter aux chefs
de-plein-gré et par tête
un don soit de troupeaux,
soit de fruits,
lequel accepté pour (à titre d') honneur,
subvient aussi
à *leurs* besoins.
Ils sont charmés surtout
des présents des nations voisines,
lesquels sont envoyés
non-seulement par des particuliers,
mais aussi par-l'État :
ce sont des chevaux de-choix,
de grandes armes,
des caparaçons et des colliers.
Nous *leur* avons appris déjà
à recevoir aussi de l'argent.

XVI. Il est suffisamment connu
aucunes villes n'être habitées
par les populations des Germains ;
eux ne pas souffrir même
les demeures jointes entr'elles.
Ils habitent séparés et disséminés,
selon qu'une source, selon qu'une plaine,
selon qu'un bois *leur* a plu.
Ils placent *leurs* villages,
non à notre manière,
les maisons étant jointes
et adhérant-les-unes-aux-autres ;
chacun entoure d'un espace *de terre*
sa maison,
soit *comme* préservatif
contre les accidents du feu,
soit par ignorance de bâtir.
Pas même l'usage
des moellons
ou des tuiles

ad omnia utuntur informi, et citra speciem aut delectationem. Quædam loca diligentius illinunt terra ita pura ac splendente, ut picturam ac lineamenta colorum imitetur. Solent et subterraneos specus aperire, eosque multo insuper fimo onerant, suffugium hiemi et receptaculum frugibus : quia rigorem frigorum ejusmodi locis molliunt; et si quando hostis advenit, aperta populatur; abdita autem et defossa aut ignorantur, aut eo ipso fallunt, quod quærenda sunt.

XVII. Tegumen omnibus sagum, fibula aut, si desit, spina consertum ; cetera intecti, totos dies juxta focum atque ignem agunt. Locupletissimi veste distinguuntur, non fluitante, sicut Sarmatæ ac Parthi, sed stricta et singulos artus exprimente. Gerunt et ferarum pelles, proximi ripæ[1] negligenter, ulteriores exquisitius, ut quibus nullus per commercia cultus.

que des matériaux informes, et ne donnent rien à la décoration ou à l'agrément. Quelques endroits plus soignés sont enduits d'une terre tellement pure et brillante, qu'elle imite la peinture et les nuances des couleurs. Ils sont dans l'usage aussi de se creuser des souterrains qu'ils couvrent et qu'ils chargent de fumier : c'est leur asile l'hiver, c'est le dépôt de leurs grains; ils s'y ressentent bien moins des rigueurs du froid; si l'ennemi vient, il pille ce qui est à découvert, au lieu que ces richesses secrètes et souterraines ou lui échappent, ou du moins le déroutent, en ce qu'elles nécessitent des recherches.

XVII. Ils n'ont tous, pour vêtement, qu'un sayon qu'ils attachent avec une agrafe, ou au besoin avec une épine. A cela près, ils sont nus, et ils se tiennent continuellement auprès du feu. Les plus riches sont distingués par un habit qui n'est pas flottant, comme celui des Sarmates et des Parthes, mais serré, et qui marque toutes les formes. Ils s'habillent aussi de peaux de bêtes : les plus voisins de nos frontières les portent comme ils les trouvent; mais ceux de l'intérieur y mettent de la recherche, le commerce ne leur fournissant

apud illos :

n'existe chez eux :

utuntur ad omnia

ils emploient pour toutes *constructions*

materia informi,

du bois non-dégrossi,

et citra speciem

et en deçà (sans s'occuper) de la décora-

aut delectationem.

ou de l'agrément.   [tion

Illinunt diligentius

Ils enduisent avec-plus-de-soin

quædam loca

certaines parties

terra ita pura

d'une terre tellement pure (fine)

ac splendente,

et brillante,

ut imitetur picturam

qu'elle imite la peinture

ac lineamenta colorum.

et les traits (nuances) des couleurs.

Solent et

Ils ont-coutume encore

aperire

d'ouvrir (de creuser)

specus subterraneos

des retraites souterraines

eosque onerant insuper

et ils les chargent en dessus

multo fimo,

de beaucoup de fumier,

suffugium hiemi

comme refuge contre l'hiver

et receptaculum frugibus :

et dépôt pour les grains :

quia molliunt

parce qu'ils tempèrent

rigorem frigorum

la rigueur des froids

locis ejusmodi,

dans des lieux de-ce-genre,

et si quando hostis advenit,

et si par-hasard l'ennemi vient,

populatur aperta ;

il ravage les *endroits* découverts ;

abdita autem et defossa

mais les *trésors* cachés et enfouis

aut ignorantur

ou sont ignorés

aut fallunt eo ipso

ou trompent par cela même

quod sunt quærenda.

qu'ils sont devant être cherchés.

XVII. Tegumen omnibus

XVII. Le vêtement à (de) tous

sagum

est une saie

consertum fibula,

attachée avec une agrafe,

aut spina,

ou avec une épine,

si desit ;

si *l'agrafe* manque ;

intecti cetera,

non-couverts quant au reste *du corps*,

agunt dies totos

ils passent des jours entiers

juxta focum atque ignem.

près du foyer et du feu.

Locupletissimi

Les plus riches

distinguuntur veste,

sont distingués par un vêtement,

non fluitante,

non flottant,

sicut Sarmatæ ac Parthi,

comme les Sarmates et les Parthes,

sed stricta

mais serré

et exprimente

et marquant

singulos artus.

tous les membres.

Ferunt et pelles ferarum,

Ils portent aussi des peaux de bêtes,

proximi ripæ

les plus proches de la rive *du Rhin*

negligenter,

les portent négligemment,

ulteriores

ceux plus reculés   [qui

exquisitius, ut quibus

avec plus de recherche, comme *des gens* à

Eligunt feras, et detracta velamina spargunt maculis pellibusque [1] belluarum, quas exterior Oceanus atque ignotum
mare gignit. Nec alius feminis quam viris habitus, nisi quod
feminæ sæpius lineis amictibus velantur, eosque purpura va-
riant, partemque vestitus superioris in manicas non extendunt,
nudæ brachia ac lacertos [2]; sed et proxima pars pectoris patet.

XVIII. Quanquam severa illic matrimonia, nec ullam mo-
rum partem magis laudaveris. Nam prope soli barbarorum
singulis uxoribus contenti sunt, exceptis admodum paucis,
qui non libine, sed ob nobilitatem, plurimis nuptiis ambiun-
tur. Dotem non uxor marito, sed uxori maritus offert. Intersunt
parentes et propinqui, ac munera probant, munera non ad de-
licias muliebres quæsita, nec quibus nova nupta comatur, sed

point d'autre ressource pour leur parure. Ils choisissent la fourrure
de certains animaux, et ils la coupent par des mouchetures d'autres
peaux de bêtes que produisent l'Océan septentrional et une mer qui
nous est inconnue. L'habillement des femmes ne diffère pas de celui
des hommes, excepté qu'assez souvent elles sont couvertes d'un
vêtement de lin bigarré de pourpre et sans manches, en sorte qu'elles
ont tout le bras entièrement nu : le haut de leur poitrine est également à découvert.

XVIII. Cependant les mariages sont chastes chez les Germains,
et à cet égard surtout ils méritent les plus grands éloges. C'est presque la seule nation barbare où l'on n'ait généralement qu'une femme,
hormis un très-petit nombre qui en prennent plusieurs, non par dé-
réglement, mais parce que leur noblesse fait rechercher leur alliance.
Ce n'est pas la femme qui apporte une dot au mari, c'est le mari qui
en apporte une à la femme. Les parents et les proches assistent à
l'entrevue, et reçoivent les présents de noces : ces présents ne sont
pas de ces riens inventés pour le plaisir des femmes et pour la parure

nullus cultus	aucune parure *ne s'obtient*
per commercia.	par le commerce.
Eligunt feras,	Ils choisissent des animaux,
et spargunt	et ils parsèment
velamina detracta	*leurs* fourrures dépouillées
maculis pellibusque	de taches et de peaux
belluarum,	d'*autres* bêtes-sauvages,
quas Oceanus exterior	que l'Océan extérieur
atque mare ignotum	et une mer inconnue
gignit.	produit (produisent).
Nec habitus alius	Et l'extérieur n'*est* pas autre
feminis quam viris,	pour les femmes que pour les hommes,
nisi quod feminæ	si *ce n'est* que les femmes
velantur sæpius	sont couvertes plus souvent
amictibus lineis,	d'habillements de-lin,
eosque variant purpura	et *qu'*elles les nuancent de pourpre
nec extendunt in manicas	et *qu'*elles ne prolongent pas en manches
partem vestitus superioris,	la partie du vêtement supérieur,
nudæ brachia	nues *quant à leurs* bras
et lacertos ;	et *leurs* avant-bras ;
sed et pars pectoris	d'ailleurs aussi la partie de leur sein
proxima	la plus voisine *du cou*
patet.	est-à-découvert.
XVIII. Quanquam	XVIII. Cependant
matrimonia	les mariages
severa illic,	*sont* sévères (chastes) là (dans ce pays),
nec laudaveris magis	et vous ne loueriez pas (on ne peut louer)
ullam partem morum.	aucune partie de *leurs* mœurs. [davantage
Nam prope soli	Car presque les seuls
barbarorum	des barbares
sunt contenti	ils sont contents
singulis uxoribus,	d'une seule épouse,
admodum paucis exceptis,	très-peu étant exceptés,
qui non libidine,	lesquels non par déréglement,
sed ob nobilitatem,	mais à cause de *leur* noblesse,
ambiuntur	sont brigués
plurimis nuptiis.	par beaucoup d'alliances.
Uxor non offert dotem	La femme n'offre pas de dot
marito,	au mari,
sed maritus uxori.	mais le mari *en offre une* à la femme.
Parentes et propinqui	Parents et alliés
intersunt,	sont-présents *à l'entrevue*,
ac probant munera,	et agréent les présents,
munera non quæsita	présents non cherchés
ad delicias muliebres,	pour les délices des-femmes,
nec quibus	et non desquels
nova nupta comatur,	une nouvelle mariée se pare,

boves, et frenatum equum, et scutum cum framea gladioque. In hæc munera[1] uxor accipitur : atque invicem ipsa armorum aliquid viro affert: hoc maximum vinculum, hæc arcana sacra, hos conjugales deos arbitrantur. Ne se mulier extra virtutum cogitationes extraque bellorum casus putet, ipsis incipientis matrimonii auspiciis admonetur, venire se laborum periculo-rumque sociam, idem in pace, idem in prœlio passuram au-suramque : hoc juncti boves, hoc paratus equus, hoc data arma denuntiant; sic vivendum, sic pereundum; accipere se quæ liberis inviolata ac digna reddat, quæ nurus accipiant rursus-que ad nepotes referant.

XIX. Ergo septæ[2] pudicitia agunt, nullis spectaculorum illecebris, nullis conviviorum irritationibus corruptæ. Littera-rum secreta[3] viri pariter ac feminæ ignorant. Paucissima[4] in

d'une nouvelle épouse; ce sont des bœufs, un cheval harnaché, un bouclier, un glaive et une framée. En présentant ces dons, on reçoit une épouse; et, de son côté, la femme donne aussi au mari quelques armes. C'est là leur lien le plus fort, c'est le symbole mystérieux de leur union, ce sont leurs dieux d'hyménée. Pour que la femme ne se croie pas en dehors des idées de courage et des hasards de la guerre, les cérémonies même qui consacrent son mariage l'avertissent qu'elle vient partager des travaux et des dangers, que c'est son sort dans la paix, son sort dans les combats d'endurer et d'oser autant que son mari : voilà ce que lui apprennent ces bœufs attelés, ce cheval tout équipé, ces armes qu'on lui donne. Il faut vivre et mourir comme lui : c'est un dépôt sacré qu'elle doit transmettre noble et pur à ses enfants; ses brus le recevront pour le transmettre à leur tour à ses petits-fils.

XIX. Ainsi leur chasteté leur sert comme de rempart; point de ces spectacles dangereux, point de ces banquets enivrants qui en-flamment les passions. Hommes et femmes ignorent également le commerce mystérieux des lettres. Dans une nation si nombreuse,

sed boves,	mais des bœufs,
et equum frenatum,	et un cheval bridé,
et scutum	et un bouclier
cum framea gladioque.	avec la framée et le glaive.
In hæc munera	En retour de ces présents
uxor accipitur :	une épouse est reçue :
atque invicem ipsa	et de-son-côté elle-même
affert aliquid armorum	apporte quelque chose d'armes (quelques
viro :	à *son* mari : [armes)
arbitrantur	ils pensent
hoc vinculum maximum,	ce lien *être* le plus grand (fort),
hæc arcana sacra,	ces mystères *être les mystères* sacrés,
hos deos conjugales.	ces dieux *être les dieux* conjugaux.
Ne mulier se putet	De peur que la femme ne se croie
extra cogitationes	en dehors des idées
virtutum,	de courage,
extraque casus bellorum,	et en dehors des accidents des guerres,
admonetur	elle est avertie
auspiciis ipsis	par les auspices mêmes
matrimonii incipientis,	de *son* mariage commençant,
se venire sociam	elle venir *comme* compagne
laborum periculorumque,	des travaux et des dangers *de son mari*,
passuram ausuramque	devant souffrir et devant oser
idem in pace,	mêmement dans la paix,
idem in prœlio :	mêmement dans le combat :
hoc denuntiant	*c'est* cela *qu'* annoncent
boves juncti,	les bœufs accouplés,
hoc equus paratus,	cela *qu'annonce* le cheval préparé,
hoc arma data ;	cela *qu'annoncent* les armes données ;
vivendum sic,	falloir (qu'il faut) vivre ainsi,
pereundum sic ;	falloir (qu'il faut) mourir ainsi ;
se accipere	elle recevoir *un dépôt*
quæ reddat liberis	qu'elle doit rendre à *ses* enfants
inviolata ac digna,	pur et digne,
quæ nurus accipiant,	que *ses* brus doivent recevoir,
rursusque referant	et à-leur-tour doivent transmettre
ad nepotes.	à *ses* petits-fils.
XIX. Agunt ergo	XIX. Elles vivent donc
septæ pudicitia,	gardées par *leur* vertu,
non corruptæ	non corrompues
ullis illecebris	par aucun attrait
spectaculorum,	de spectacles,
nullis irritationibus	par aucune séduction
conviviorum.	de festins.
Viri pariter ac feminæ	Les hommes aussi-bien que les femmes
ignorant	ignorent
secreta litterarum.	le commerce-mystérieux des lettres.

tam numerosa gente adulteria, quorum pœna præsens et ma-
ritis permissa. Accisis crinibus nudatam coram propinquis
expellit domo maritus, ac per omnem vicum verbere agit. Pu-
blicatæ enim pudicitiæ nulla venia; non forma, non ætate,
non opibus maritum invenerit. Nemo enim illic vitia ridet,
nec corrumpere et corrumpi, seculum vocatur. Melius quidem
adhuc eæ civitates, in quibus tantum virgines nubunt, et cum
spe votoque uxoris semel transigitur. Sic unum accipiunt maritum, quo modo unum corpus unamque vitam, ne ulla cogi-
tatio ultra, ne longior cupiditas, ne tanquam maritum, sed
tanquam matrimonium ament. Numerum liberorum finire aut
quemquam ex agnatis necare, flagitium habetur ; plusque ibi
boni mores valent quam alibi bonæ leges.

XX. In omni domo nudi ac sordidi, in hos artus, in hæc
corpora, quæ miramur, excrescunt. Sua quemque mater ube-

rien de si rare que l'adultère; la peine en est immédiate et abandonnée au mari. Rasée, dépouillée de ses vêtements en présence des
parents, la femme est chassée de la maison par le mari, qui la pour-
suit dans toute la bourgade à coups de fouet. Quant à celle qui prosti-
tue son honneur, nul espoir de pardon pour elle ; ni beauté, ni jeunesse, ni fortune ne lui pourront faire trouver un mari. En effet, on
ne rit pas du vice en ce pays, et l'on n'excuse pas la corruption en
la rejetant sur le siècle. Il y a des cités où l'on fait mieux encore, ce
sont celles où les vierges seules se marient, où, ce désir et ce vœu une
fois remplis, c'est pour jamais. Ainsi, elles n'ont qu'un mari, comme
on n'a qu'un corps et qu'une âme ; ce mari borne toutes leurs pensées,
tous leurs désirs ; il n'est pas seulement un mari pour elles, il est le
mariage tout entier. Limiter le nombre de ses enfants, ou mettre à
mort un seul des derniers qui naissent, passe pour une infamie, et
là les bonnes mœurs font plus qu'ailleurs les bonnes lois.

XX. Dans toutes les maisons, les enfants sont nus et sales, et ils
ne s'en élèvent pas moins à cette stature et à cette force gigantes-
ques qui nous étonnent. Chaque mère allaite tous ses enfants, et on

Adulteria paucissima	Les adultères *sont* très-rares
in gente tam numerosa,	dans une nation si nombreuse,
quorum	desquels *adultères*
pœna præsens	la peine *est* immédiate
et permissa maritis.	et abandonnée aux maris.
Maritus expellit domo	Le mari chasse de la maison
nudatam	*la femme adultère* dépouillée
coram propinquis,	devant les parents,
crinibus accisis,	*ses* cheveux ayant été coupés,
ac agit verbere	et *la* poursuit avec un fouet
per omnem vicum.	par toute la bourgade.
Nulla venia	Point de pardon
pudicitiæ publicatæ;	de (pour) l'honneur prostitué;
non invenerit maritum	elle ne trouverait pas de mari
forma,	avec *sa* beauté,
non ætate,	ni avec *son* âge,
non opibus.	ni avec *ses* richesses.
Illic enim nemo ridet vitia,	Là en effet personne ne rit des vices,
et corrumpere et corrumpi	et corrompre et être corrompu
non vocatur sæculum.	ne s'appelle pas le siècle.
Eæ civitates quidem	Ces cités-là à-vrai-dire
adhuc melius,	*font* encore mieux,
in quibus	*celles* dans lesquelles
virgines tantum nubunt,	des vierges seulement se marient,
et transigitur semel	et où il *n'*est traité *qu'*une fois
cum spe votoque uxoris.	avec l'espérance et le désir d'épouse
Sic accipiunt	Ainsi elles reçoivent
unum maritum,	un-seul époux,
quo modo unum corpus	de même qu'*elles* ont *reçu* un-seul corps,
unamque vitam,	et une-seule vie,
ne ulla cogitatio ultra,	afin qu'aucune pensée au delà,
ne cupiditas longior,	qu'*aucun* désir plus long *ne soit à elles*,
ne amenttanquam maritum,	afin qu'elles ne *l'*aiment pas comme un
sed tanquam matrimonium.	mais comme le mariage. [mari,
Finire numerum liberorum	Limiter le nombre de *ses* enfants
aut necare	ou mettre-à-mort
quemquam ex agnatis	quelqu'un des nouveau-nés
habetur flagitium;	passe-pour un crime;
ibique boni mores	et là les bonnes mœurs
valent	ont-de--la-force
plus quam alibi bonæ leges.	plus qu'ailleurs les bonnes lois.
XX. In omni domo	XX. Dans toute maison
nudi ac sordidi,	nus et sales,
excrescunt in hos artus,	ils s'élèvent à ces membres,
in hæc corpora,	à ces corps,
quæ miramur.	que nous voyons-avec-étonnement.
Sua mater alit quemque	Sa mère nourrit chacun

ribus alit, nec ancillis ac nutricibus delegantur. Dominum ac
servum nullis educationis deliciis dignoscas. Inter eadem pe-
cora in eadem humo degunt, donec ætas separet ingenuos,
virtus agnoscat. Sera juvenum venus, eoque inexhausta pu-
bertas; nec virgines festinantur; eadem juventa, similis pro-
ceritas, pares validæque miscentur ; ac robora parentum liberi referunt. Sororum filiis idem apud avunculum, qui apud
patrem, honor. Quidam sanctiorem arctioremque hunc nexum
sanguinis arbitrantur, et in accipiendis obsidibus magis exigunt, tanquam ii et animum firmius et domum latius teneant.
Heredes tamen successoresque sui cuique liberi; et nullum
testamentum. Si liberi non sunt, proximus gradus in possessione fratres, patrui, avunculi. Quanto plus propinquorum,

ne les abandonne point à des nourrices et à des servantes. Il n'y a,
dans leur éducation , aucune de ces délicatesses qui pourraient faire
distinguer le maître d'avec l'esclave. Tous deux passent également
leur enfance au milieu des troupeaux, à se traîner sur la terre, jusqu'à ce que l'âge mette l'homme libre à sa place, et que la valeur
le distingue. Les jeunes gens ignorent longtemps les plaisirs de
l'amour ; de là une jeunesse inépuisable : on ne hâte pas non plus le
mariage des vierges; c'est la même vigueur, la même taille élevée,
on assortit l'âge et la force, et cette vigueur des pères passe aux
enfants. Les neveux maternels sont aussi chers à leur oncle qu'à
leur propre père. Il y en a même qui regardent ce lien du sang comme
plus intime et plus sacré, et quand ils prennent des otages, ils
préfèrent les neveux, comme inspirant un attachement plus fort,
et comme embrassant une famille plus étendue. Cependant ce sont les
enfants qui héritent, et jamais on ne fait de testament. S'il n'y a
point d'enfants, la succession passe aux plus proches, aux frères,
aux oncles paternels, maternels. Plus on a de parents et d'alliés,

uberibus,	de *ses* mamelles,
nec delegantur	et ils ne sont pas confiés
ancillis ac nutricibus.	à des servantes et à des nourrices.
Dignoscas	Vous ne distingueriez
nullis deliciis educationis	à aucunes douceurs d'éducation
dominum ac servum.	le maître et l'esclave.
Degunt inter eadem pecora,	Ils vivent au milieu des mêmes troupeaux,
in eadem humo,	sur la même terre,
donec ætas	jusqu'à ce que l'âge
separet ingenuos,	sépare les hommes-libres,
virtus agnoscat.	*que* le courage *les* distingue.
Venus	Les plaisirs-de-l'amour
juvenum	des (pour les) jeunes-gens
sera,	*sont* tardifs,
eoque pubertas inexhausta;	et aussi *leur* jeunesse *est* inépuisable ;
nec virgines	et les jeunes-filles
festinantur ;	ne sont pas hâtées (mariées trop tôt);
eadem juventa,	*c'est* la même jeunesse,
similis proceritas,	une semblable stature,
miscentur	elles sont unies
pares robustæque ;	égales *aux jeunes gens* et robustes ;
ac liberi	et les enfants
referunt robora parentum.	reproduisent la force de leurs parents.
Idem honor filiis sororum	Le même rang *est* aux fils des sœurs
apud avunculum	auprès de l'oncle
qui apud patrem.	lequel *est* (que) auprès du père.
Quidam arbitrantur	Quelques-uns pensent *même*
hunc nexum sanguinis	ce lien du sang
sanctiorem arctioremque,	*être* plus saint et plus étroit,
et in obsidibus accipiendis	et dans des ôtages devant être reçus
exigunt magis,	ils *les* demandent de-préférence,
tanquam ii	dans-la-pensée-que ceux-ci
et teneant firmius animum	et occupent plus fermement le cœur
et latius domum.	et plus généralement la famille.
Heredes tamen	Les héritiers cependant
et successores	et les successeurs
cuique sui liberi ;	*sont* pour chacun ses enfants ;
et nullum testamentum.	et aucun testament *ne se fait*.
Si liberi non sunt,	Si des enfants n'existent pas,
proximus gradus	le plus proche degré
in possessione	dans la possession
fratres,	*ce sont* les frères,
patrui,	les oncles-paternels,
avunculi.	les oncles-maternels.
Quanto plus	D'autant plus
propinquorum,	*il y a* de parents,
quo major	d'autant plus grand *est*

quo major affinium numerus, tanto gratiosior senectus; nec ulla orbitatis pretia [1].

XXI. Suscipere tam inimicitias seu patris seu propinqui quam amicitias, necesse est; nec implacabiles durant. Luitur enim etiam homicidium [2] certo armentorum ac pecorum numero, recipitque satisfactionem universa domus : utiliter in publicum, quia periculosiores sunt inimicitiæ juxta libertatem. Convictibus et hospitiis non alia gens effusius indulget. Quemcumque mortalium arcere tecto, nefas habetur : pro fortuna quisque apparatis epulis excipit. Quum defecere [3], qui modo hospes fuerat, monstrator hospitii et comes, proximam domum non invitati adeunt; nec interest [4] : pari humanitate accipiuntur. Notum ignotumque, quantum ad jus hospitii, nemo discernit. Abeunti, si quid poposcerit, concedere moris; et poscendi invicem eadem facilitas. Gaudent muneribus : sed nec

plus la vieillesse est honorée; perdre les siens n'est pas un avantage.

XXI. C'est une obligation d'épouser les haines comme les affections, soit d'un père, soit d'un parent; mais les haines ne sont point implacables. On rachète jusqu'à l'homicide, moyennant un nombre fixé de moutons et de bœufs, et la famille entière reçoit satisfaction; règlement bien sage, parce que la liberté ne fait que rendre les inimitiés plus terribles. Aucune nation n'entend plus largement l'hospitalité. Défendre son seuil à un étranger, quel qu'il soit, est un crime : chacun reçoit de son mieux et selon sa fortune. Les provisions sont-elles épuisées? votre hôte de tout à l'heure vous indique une maison voisine, et vous y accompagne; vous entrez tous deux sans être invités, peu importe, vous êtes également bien accueillis. Connus ou inconnus ont également droit à l'hospitalité. En partant, si vous demandez quelque chose, il est d'usage de l'accorder; et, à son tour, on aura envers vous la même liberté. Ils aiment les présents, mais ils ne se font pas un titre de ce qu'ils vous donnent, comme

numerus affinium,
le nombre des alliés,

tanto senectus gratiosior;
d'autant la vieillesse *est* plus considérée;

nec ulla pretia
et *il n'y a* aucun avantage

orbitatis.
à la perte-de-*ses*-enfants.

XXI. Suscipere inimicitias
XXI. Embrasser les inimitiés

seu patris, seu propinqui,
soit d'un père, soit d'un parent,

tam quam amicitias,
aussi-bien que les amitiés,

est necesse;
est chose obligée;

nec durant
et *ces haines* ne subsistent pas

implacabiles.
implacables.

Homicidium enim etiam
L'homicide même en effet

luitur numero certo
est racheté par un nombre fixé

armentorum ac pecorum,
de bœufs et de moutons,

universaque domus
et toute la maison (famille)

recipit satisfactionem:
reçoit la satisfaction:

utiliter in publicum,
c'est utilement *vu* dans *l'intérêt* public,

quia inimicitiæ
parce que les inimitiés

sunt periculosiores
sont plus dangereuses

juxta libertatem.
à côté de (avec) la liberté.

Non alia gens
Pas une autre nation

indulget effusius
ne se livre plus généreusement

convictibus et hospitiis
aux banquets et à l'hospitalité.

Arcere tecto
Repousser de *son* toit

quemcumque mortalium
qui-que-ce-soit des mortels

habetur nefas:
passe-pour illicite:

quisque excipit
chacun reçoit

epulis apparatis
avec des mets apprêtés

pro fortuna.
selon *sa* fortune.

Quum defecere,
Quand *les mets* ont manqué,

qui modo fuerat hospes,
celui qui naguère avait été hôte,

monstrator hospitii
est guide de l'hospitalité

et comes,
et compagnon,

adeunt domum proximam
et ils vont à la maison la plus proche

non invitati;
non invités (sans être invités);

nec interest,
et il n'y-a-pas-de-différence,

accipiuntur
ils sont accueillis

pari humanitate.
avec une égale bienveillance.

Nemo discernit,
Personne ne distingue, [talité,

quantum ad jus hospitii,
quant à *ce qui regarde* le droit de l'hospi-

notum ignotumque.
l'hôte connu et *l'hôte* inconnu.

Moris concedere abeunti,
Il est d'usage d'accorder à *l'hôte* partant,

si poposcerit quid;
s'il a demandé quelque chose;

et facilitas
et la facilité

poscendi invicem
de demander en-retour

eadem.
est la même.

Gaudent muneribus;
Ils sont-contents des présents;

sed nec imputant
mais ils ne *les* font-pas-valoir

data imputant, nec acceptis obligantur. Victus inter hospites comis.

XXII. Statim e somno, quem plerumque in diem extrahunt, lavantur, sæpius calida, ut apud quos plurimum hiems occupat. Lauti, cibum capiunt; separatæ singulis sedes et sua cuique mensa. Tum ad negotia, nec minus sæpe ad convivia procedunt armati. Diem noctemque continuare potando, nulli probrum. Crebræ, ut inter vinolentos, rixæ, raro conviciis, sæpius cæde et vulneribus transiguntur. Sed et de reconciliandis invicem inimicis, et jungendis affinitatibus, et adsciscendis principibus, de pace denique ac bello, plerumque in conviviis consultant : tanquam nullo magis tempore aut ad simplices cogitationes pateat animus, aut ad magnas incalescat. Gens, non astuta nec callida, aperit adhuc [1] secreta pectoris, licentia

ils ne se croient point liés par ce qu'ils reçoivent de vous. Ce n'est qu'un échange de politesse entre deux hôtes.

XXII. Au sortir du lit, ce qui ne leur arrive guère qu'au milieu du jour, ils se baignent, ordinairement dans l'eau chaude, car chez eux l'hiver occupe une grande partie de l'année. Après le bain, ils prennent de la nourriture; chacun a son siége et sa table séparés. Ensuite ils sortent pour leurs affaires, souvent pour des festins, et ils sortent armés. Passer des jours et des nuits à boire n'est une honte pour personne. Les querelles, suite inévitable de l'ivresse, sont fréquentes et se bornent rarement à des injures; le plus souvent elles se terminent par des blessures et par le meurtre. C'est ordinairement dans leurs festins qu'ils traitent des réconciliations, des mariages, de l'élection des chefs, enfin de la paix et de la guerre; c'est là, en effet, que le cœur s'ouvre plus aisément à la sincérité ou s'échauffe davantage pour la gloire. Cette nation simple et sans artifice y découvre jusqu'au fond de son âme. La pensée de chacun mise à nu est

data,
nec obligantur
acceptis.
Victus comis
inter hospites.

une fois donnés,
et ils ne sont pas liés
par *eux* reçus.
C'est une habitude polie
entre *deux* hôtes.

XXII. Statim e somno,
quem extrahunt plerumque
in diem,
lavantur
sæpius calida,
ut apud quos
hiems occupat plurimum.
Lauti capiunt cibum;
sedes separatæ singulis,
et sua mensa cuique.
Tum procedunt armati
ad negotia,
nec minus sæpe
ad convivia.
Continuare
diem noctemque potando
probrum nulli.
Rixæ crebræ,
ut inter vinolentos,
transiguntur
raro conviciis,
sæpius cæde et vulneribus.
Sed consultant
plerumque in conviviis,
et de inimicis
reconciliandis invicem,
et affinitatibus
jungendis,
et principibus
adsciscendis,
denique de pace
ac bello :
tanquam
nullo tempore magis
animus aut pateat
ad cogitationes simplices,
aut incalescat ad magnas.
Gens, non astuta
nec callida,
aperit adhuc
secreta pectoris
licentia joci.

XXII. Aussitôt au-sortir du sommeil,
qu'ils prolongent la-plupart-du-temps
jusqu'au jour,
il se baignent
plus souvent dans l'*eau* chaude,
comme *des peuples* chez qui
l'hiver occupe le plus *de temps*.
Baignés ils prennent de la nourriture
des siéges séparés *sont* à tous-en-parti
et sa table est à chacun.   [culier,
Puis ils vont armés
aux affaires,
et non moins souvent
aux festins.
Faire-succéder-sans-interruption
le jour et la nuit en buvant
n'est une honte pour personne.
Des rixes fréquentes,
comme *il arrive* entre *gens* ivres,
se terminent
rarement par des injures,   [res.
plus souvent par le meurtre et les blessu-
D'un-autre-côté ils traitent
la-plupart-du-temps dans les festins
et des ennemis-privés
devant être réconciliés entre eux,
et des alliances
devant être conclues,
et des chefs
devant être élus,
en un mot de la paix
et de la guerre :
comme si (pensant que)
en aucun temps davantage
l'imagination ou n'est ouverte
aux pensées simples (franches),
ou ne s'échauffe pour les grandes.
Cette nation, non rusée
ni artificieuse,
ouvre encore
les secrets du cœur
dans la licence de la gaîté.

joci. Ergo detecta et nuda omnium mens postera die retractatur, et salva utriusque temporis ratio ēst : deliberant dum
fingere nesciunt [1] ; constituunt dum errare non possunt.

XXIII. Potui humor [2] ex hordeo aut frumento, in quamdam
similitudinem vini corruptus ; proximi ripæ [3] et vinum mercantur. Cibi simplices ; agrestia poma, recens fera aut lac
concretum ; sine apparatu, sine blandimentis expellunt famem.
Adversus sitim non eadem temperantia. Si indulseris ebrietati
suggerendo quantum concupiscunt, haud minus facile vitiis
quam armis vincentur.

XXIV. Genus spectaculorum unum atque in omni cœtu idem.
Nudi juvenes, quibus id ludicrum est, inter gladios se atque
infestas frameas saltu jaciunt. Exercitatio artem paravit, ars
decorem, non in quæstum tamen aut mercedem : quamvis audacis lasciviæ pretium est, voluptas spectantium. Aleam, quod

encore discutée le lendemain, règle doublement sage : car ils délibèrent quand ils ne sauraient feindre, ils décident quand ils sont
sûrs de ne pas se tromper.

XXIII. Leur boisson est une liqueur faite d'orge ou de blé fer-
menté, et qui ressemble à du vin. Les plus voisins de la frontière
ont même du vin qu'ils achètent. Leurs aliments sont simples, des
fruits champêtres, de la venaison fraîche, ou du lait caillé. Ils n'ont
pas besoin de tous nos apprêts, de tous nos raffinements pour apai-
ser leur faim. A l'égard de la soif, ils ne sont pas aussi réservés. Si l'on
favorise leur penchant, en leur donnant tout ce qu'ils demandent,
on les vaincra par leurs vices autant que par les armes.

XXIV. Ils n'ont qu'un genre de spectacles, toujours le même
dans toutes leurs assemblées. Des jeunes gens, exercés à ce jeu,
sautent nus au milieu de glaives et de framées menaçantes. L'habitude a produit l'adresse, et après l'adresse, la grâce. Cependant il
n'y entre aucune vue d'intérêt ni de récompense ; l'unique prix d'un
divertissement si périlleux, c'est le plaisir des spectateurs. Ils font

Ergo mens omnium,
detecta et nuda,
retractatur die postera,
et ratio
utriusque temporis
est salva :
deliberant
dum nesciunt fingere ;
constituunt
dum non possunt errare.

XXIII. Humor potui
ex hordeo aut frumento,
corruptus
in quamdam similitudinem
vini.
Proximi ripæ
mercantur et vinum.
Cibi simplices :
poma agrestia,
fera recens
aut lac concretum.
Expellunt famem
sine apparatu,
sine blandimentis.
Temperantia non eadem
adversus sitim.
Si indulseris ebrietati
suggerendo
quantum concupiscunt,
vincentur vitiis
haud minus facile
quam armis.

XXIV. Unum genus
spectaculorum
atque idem in omni cœtu.
Juvenes nudi,
quibus id est ludicrum,
se jaciunt saltu
inter gladios
atque frameas infestas.
Exercitatio paravit artem,
ars decorem,
non tamen
in quæstum aut mercedem :
quamvis est pretium
lasciviæ audacis,
voluptas spectantium.

Ainsi donc l'intention de tous,
découverte et nue,
est remaniée le jour suivant,
et la justification
de l'un et de l'autre temps
est sauve :
ils délibèrent
pendant qu'ils ne savent pas feindre;
ils décident
pendant qu'ils ne peuvent pas se tromper.

XXIII. Leur liqueur à boire
est faite d'orge ou de froment,
fermentée
jusqu'à une certaine ressemblance
du (avec le) vin.
Les plus proches de la rive du Rhin
achètent aussi du vin.
Leurs aliments sont simples :
ce sont des fruits sauvages,
de la venaison fraîche
ou du lait caillé.
Ils chassent la faim
sans apprêt,
sans raffinements.
Leur sobriété n'est pas la même
contre la soif.
Si vous favorisez l'ivresse
en leur fournissant
autant qu'ils convoitent,
ils seront vaincus par leurs vices
non moins facilement
que par vos armes.

XXIV. Un-seul genre
de spectacles est à eux
et le-même dans toute réunion.
Des jeunes-gens nus,
pour lesquels cela est un jeu,
se jettent par un saut (en sautant)
au milieu de glaives
et de framées menaçantes.
L'exercice a produit l'adresse
l'adresse a produit la grâce,
ce n'est pas cependant
en vue d'un gain ou d'une récompense:
toutefois il est un prix
de ce jeu hardi,
à savoir le plaisir des spectateurs.

mirere, sobrii inter seria ¹ exercent, tanta lucrandi perdendive temeritate, ut, quum omnia defecerunt, extremo ac novissimo jactu de libertate et de corpore contendant. Victus voluntariam servitutem adit : quamvis junior, quamvis robustior, alligari se ac venire patitur. Ea est in re prava pervicacia : ipsi fidem vocant. Servos conditionis hujus per commercia tradunt, ut se quoque pudore victoriæ exsolvant.

XXV. Ceteris servis, non in nostrum morem descriptis per familiam ministeriis, utuntur. Suam quisque sedem, suos penates regit. Frumenti modum dominus, aut pecoris, aut vestis, ut colono, injungit : et servus hactenus paret. Cetera domus officia uxor ac liberi exsequuntur. Verberare servum, ac vinculis et opere coercere, rarum. Occidere solent, non disciplina et

du jeu de dés, chose étonnante, même à jeun, une occupation sérieuse ; mais ils y mettent tant de passion pour perdre ou pour gagner, que, lorsqu'ils ont tout perdu, pour dernière ressource et sur un dernier coup, ils jouent leur liberté et leur personne. Le perdant va au-devant d'un esclavage volontaire : fût-il le plus jeune ou le plus fort, il se laissera lier et vendre sans résistance. Tel est leur persévérance dans un engagement insensé ; ils l'appellent honneur. Ces sortes d'esclaves, ils s'en défont par le commerce, comme pour se dépouiller également de la honte d'une telle victoire.

XXV. Les esclaves ne sont pas classés, comme chez nous, d'après les emplois qu'ils exercent. Chacun a son habitation, ses pénates, qu'il conduit comme il l'entend. Le maître lui impose une certaine redevance en blé, en troupeaux ou en fourrures, et là se borne toute la servitude. Le service de la maison regarde la femme et les enfants. Il est rare qu'ils battent un esclave, et qu'ils lui infligent la prison ou des travaux extraordinaires. S'il leur arrive de le tuer, ce n'est point par châtiment et pour l'exemple, mais par emportement et par

Sobrii exercent	A-jeun ils pratiquent [sérieuse]
inter seria	parmi les *affaires* sérieuses (comme affaire
aleam,	le jeu-de-hasard,
quod mirere,	*chose* dont vous pourriez vous étonner,
tanta temeritate	avec une si grande fureur
lucrandi perdendive,	de gagner ou de perdre,
ut quum omnia defecerunt,	que, lorsque tout *leur* a manqué,
jactu extremo ac novissimo,	dans un coup suprême et dernier,
contendaut de libertate	ils courent-risque de *leur* liberté
et corpore.	et de *leur* corps.
Victus adit	Le vaincu (perdant) va-au-devant
servitutem voluntariam :	d'une servitude volontaire :
quamvis junior,	quand-même *il serait* plus jeune,
quamvis robustior,	quand-même plus robuste,
patitur se alligari	il souffre lui être lié
ac venire.	et être vendu.
Ea est pervicacia	Telle est *leur* obstination
in re prava :	dans un engagement coupable :
ipsi vocant fidem.	eux-mêmes *l*'appellent bonne-foi.
Tradunt per commercia	Ils livrent par le commerce
servos hujus conditionis,	les esclaves de ce genre,
ut se exsolvant quoque	pour qu'ils se délivrent également
pudore victoriæ.	de la honte d'une *pareille* victoire.
XXV. Utuntur	XXV. Ils se servent
ceteris servis,	du reste des esclaves,
ministeriis	les emplois
non descriptis per familiam	n'étant pas répartis dans le domestique
in nostrum morem.	à notre manière.
Quisque regit suam sedem,	Chacun gouverne sa demeure,
suos penates.	ses pénates.
Dominus injungit	Le maître impose *à l'esclave*
modum frumenti,	une quantité de froment,
aut pecoris, aut vestis,	ou de bétail, ou de vêtements,
ut colono :	comme à un fermier :
et servus	et l'esclave
paret hactenus.	obéit jusque-là (son obéissance s'arrête là).
Uxor ac liberi	L'épouse et les enfants
exsequuntur cetera officia	s'acquittent des autres soins
domus.	de la maison.
Verberare servum,	Frapper un esclave,
ac coercere vinculis	et *le* punir par les fers
et opere,	et par le travail,
rarum.	*est* rare.
Solent	Ils ont-coutume (il leur arrive)
occidere,	de tuer *un esclave*,
non disciplina	non par principe
et severitate,	et par sévérité

severitate, sed impetu et ira, ut inimicum, nisi quod impune.
Libertini non multum supra servos sunt, raro aliquod mo-
mentum in domo, nunquam in civitate, exceptis duntaxat iis
gentibus quæ regnantur[1]. Ibi enim et super ingenuos et super
nobiles ascendunt; apud ceteros impares libertini libertatis
argumentum sunt.

XXVI. Fœnus agitare et in usuras extendere[2], ignotum,
ideoque magis servatur[3], quam si vetitum esset. Agri, pro
numero cultorum, ab universis per vices occupantur, quos
mox inter se secundum dignationem partiuntur · facilitatem
partiendi camporum spatia præstant. Arva per annos mutant,
et superest ager : nec enim cum ubertate et amplitudine soli
labore contendunt, ut pomaria conserant, et prata separent, et
hortos rigent : sola terræ seges imperatur. Unde annum quo-

colère, comme ils tueraient un ennemi, à cela près qu'ils le font
impunément. Les affranchis ne sont guère au-dessus des esclaves.
Ils ont rarement quelque influence dans la maison, aucune dans
l'État, excepté seulement chez les peuples qui sont gouvernés par
des rois. Là, en effet, ils s'élèvent au-dessus des hommes libres, au-
dessus des nobles; partout ailleurs, l'abaissement des affranchis est
une preuve de liberté.

XXVI. Le prêt à intérêt, et surtout à intérêt composé, leur est,
inconnu; ignorance plus sûre que ne le serait la défense des lois. Les
terres sont occupées successivement par toutes les peuplades, en raison du nombre des bras; ensuite ils les subdivisent entre eux d'après
le rang. L'étendue de leur pays facilite ces partages. Ils chan-
gent de terre tous les ans, et ils en ont de reste; car ils ne luttent
pas à force d'art avec la fertilité et l'étendue de leur sol pour planter
des vergers, enclore des prairies et arroser des jardins. Ils ne demandent à la terre que des moissons. Aussi ne partagent-ils même

sed impetu et ira, · | mais par emportement et par colère,
ut inimicum, | comme *ils tueraient* un ennemi,
nisi quod impune. | excepté que *c'est* impunément.
Libertini | Les affranchis
non sunt multum | ne sont pas beaucoup
supra servos, | au-dessus des esclaves,
raro aliquod momentum | rarement *ils ont* quelque importance
in domo, | dans la famille,
nunquam in civitate, | jamais dans l'Etat,
iis gentibus duntaxat | ces nations-là seulement
exceptis , | étant exceptées ,
quæ regnantur. | qui sont-gouvernées-par-des-rois.
Ibi enim | Là en effet (chez ces nations-là)
ascendunt | *les affranchis* montent
et super ingenuos | et au-dessus des hommes-libres
et super nobiles ; | et au-dessus des nobles ;
apud ceteros | chez tous-les-autres *peuples*
libertini impares | des affranchis inégaux (inférieurs) .
sunt argumentum | sont une preuve
libertatis. | de liberté.

 XXVI. Agitare fœnus | XXVI. Faire l'usure
et extendere in usuras, | et *l*'étendre jusqu'à l'intérêt *de l'usure,*
ignotum, | *est* inconnu *chez les Germains ,*
ideoque | et pour-cette-raison
servatur magis | est observé plus
quam si esset vetitum. | que si *cela* était défendu. [à tour]
Agri occupantur per vices | Les champs sont occupés par tours (tour
ab universis, | par tous (toute une tribu),
pro numero cultorum , | selon le nombre des cultivateurs,
quos mox | lesquels *champs* ensuite
partiuntur inter se | ils partagent entre eux
secundum dignationem : | selon le rang :
spatia camporum | *leurs grandes* étendues de terrain
præstant facilitatem | donnent la facilité
pártiendi. | de partager.
Mutant arva per annos, | Ils changent de champs par (tous les) ans,
et ager superest : | et la terre est-de-reste :
nec enim contendunt .. | car ils ne luttent pas
cum ubertate | avec la fertilité
et amplitudine soli, | et *avec* la grandeur du sol,
ut conserant pomaria , | pour qu'ils plantent des vergers,
et separent prata , | et divisent des prairies ,
et rigent hortos : | et arrosent des jardins :
sola seges | la seule moisson (le blé seul)
imperatur terræ. | est commandée à la terre.
Unde | D'où (c'est ce qui fait que)
digerunt | ils divisent

que ipsum non in totidem digerunt species : hiems et ver et
æstas intellectum ac vocabula habent : autumni perinde nomen
ac bona ignorantur.

XXVII. Funerum nulla ambitio : id solum observatur, ut
corpora clarorum virorum certis lignis crementur. Struem
rogi nec vestibus nec odoribus cümulant : sua cuique arma,
quorumdam igni et equus adjicitur. Sepulcrum cespes erigit :
monumentorum arduum et operosum honorem, ut gravem
defunctis, aspernantur. Lamenta ac lacrimas cito, dolorem et
tristitiam tarde ponunt. Feminis lugere honestum est; viris
meminisse. Hæc in commune de omnium Germanorum origine
ac moribus accepimus; nunc singularum gentium instituta ritusque quatenus differant, quæ nationes e Germania in Gallias commigraverint, expediam.

XXVIII. Validiores olim Gallorum res fuisse, summus auctorum [1], divus Julius tradit : eoque credibile est, etiam Gallos

pas l'année en autant de saisons que nous. L'hiver, le printemps et
l'été ont un sens et des noms dans leur langue; le nom de l'automne
leur est aussi inconnu que ses présents.

XXVII. Point de faste dans les funérailles; seulement ils observent de brûler avec de certains bois le corps des hommes illustres.
Ils n'entassent sur le bûcher ni vêtements ni parfums. Les armes du
mort, quelquefois son cheval, voilà tout ce qu'on brûle avec lui. Le
tombeau est de simple gazon. Quant à tous ces magnifiques et dis-
pendieux monuments de l'orgueil, ils les dédaignent; les morts,
disent-ils, en seraient accablés. Ils pleurent et se lamentent peu de
jours, ils s'affligent et regrettent longtemps. Aux femmes conviennent les pleurs; aux hommes, les regrets. Voilà ce que j'ai appris
touchant l'origine et les mœurs de tous les Germains en général.
Maintenant je vais marquer les différences qui se trouvent dans la
constitution et dans les usages de chaque peuple en particulier, et
dire quels sont ceux qui ont passé de la Germanie dans les Gaules.

XXVIII. Jules César, et c'est la meilleure autorité, rapporte que
les Gaulois avaient jadis la prépondérance sur les Germains. Ainsi

annum quoque ipsum
non in totidem species :
hiems et ver et æstas
habent intellectum
et vocabula ;
nomen ac bona autumni
ignorantur perinde.

XXVII. Nulla ambitio
funerum :
id solum observatur,
ut corpora
virorum clarorum
crementur lignis certis.
Cumulant struem rogi
nec vestibus nec odoribus :
sua arma cuique ,
et equus quorumdam
adjicitur igni.
Cespes erigit sepulcrum :
aspernantur honorem
arduum et operosum
monumentorum ,
ut gravem defunctis.
Ponunt cito
lamenta ac lacrimas ,
tarde dolorem ac tristitiam.
Feminis est honestum
lugere ;
viris meminisse.
Accepimus hæc
in commune
de origine
omnium Germanorum ;
expediam nunc
quatenus
instituta ritusque
singularum gentium
differant,
quæ nationes
commigraverint
e Germania in Gallias.

XXVIII. Summus
auctorum ,
divus Julius
tradit res Gallorum
fuisse olim validiores :
eoque est credibile

aussi l'année elle-même   [nous :
non en autant d'espèces (de saisons) que
l'hiver et le printemps et l'été
ont une signification
et des noms dans la langue ;
le nom et les bienfaits de l'automne
sont ignorés également.

XXVII. Il n'y a aucun faste
des (dans les) funérailles :
cela seul est observé ,
que les corps
des guerriers renommés
soient brûlés avec des bois particuliers.
Ils ne comblent l'échafaudage du bûcher
ni par des vêtements ni par des odeurs :
ses armes sont laissées à chacun ,
même le cheval de certains guerriers
est ajouté au feu.
Un gazon élève le tombeau :
ils dédaignent l'honneur
élevé et fait-avec-peine
des monuments ,
comme lourd pour les morts.
Ils déposent tôt
les lamentations et les larmes ,
tard la douleur et la tristesse.
C'est pour les femmes qu'il est honorable
de pleurer ;
pour les hommes, de se souvenir.
Nous avons appris ces faits
en général
sur l'origine
de tous les Germains ;
je vais-débrouiller maintenant
jusqu'à-quel-point
les institutions et les coutumes
de chaque nation
diffèrent,
et quelles tribus
ont passé
de la Germanie dans les Gaules.

XXVIII. La plus grande
des autorités ,
le divin Jules César
raconte les affaires des Gaulois
avoir été jadis plus puissantes :
et par là il est croyable

in Germaniam transgressos. Quantulum enim amnis[1] obstabat, quominus, ut quæque gens evaluerat, occuparet permutaretque sedes promiscuas adhuc et nulla regnorum potentia divisas? Igitur inter Hercyniam silvam [2], Rhenumque et Mœnum amnes, Helvetii, ulteriora Boii, Gallica utraque gens, tenuere. Manet adhuc *Boiemi* nomen, significatque loci veterem memoriam, quamvis mutatis cultoribus. Sed utrum Aravisci in Pannoniam ab Osis, Germanorum natione, an Osi ab Araviscis in Germaniam commigraverint, quum eodem adhuc sermone, institutis, moribus utantur, incertum est; quia, pari olim inopia ac libertate, eadem utriusque ripæ bona malaque erant. Treveri et Nervii [5] circa affectationem Germanicæ ori-

il est croyable que de leur côté aussi ils ont passé en Germanie. En effet, une simple rivière pouvait-elle empêcher ces peuples, toutes les fois qu'ils étaient les plus forts, de changer de demeure, et d'aller occuper des terrains encore vagues, et qu'aucune puissance n'avait circonscrits dans des limites? C'est ainsi qu'entre la forêt Hercynienne, le Rhin et le Mein, s'établirent deux nations gauloises, les Helvétiens et ensuite les Boïes. Le nom de Bohême subsiste encore aujourd'hui et rappelle le souvenir de leur séjour, quoique depuis la Bohême ait changé d'habitants. Mais les Aravisques de Pannonie viennent ils des Oses, peuplade germaine, ou bien les Oses descendent-ils des Aravisques? C'est ce qu'il est malaisé de savoir, vu que les deux nations ont encore la même langue, les mêmes usages, les mêmes mœurs, et qu'autrefois, également pauvres, également libres, elles trouvaient sur l'une ou l'autre rive mêmes biens et mêmes maux. Les Trévires et les Nerviens sont les premiers à se dire issus des Germains, comme s'ils voulaient, par l'honneur

Gallos etiam	les Gaulois aussi
transgressos	avoir passé
in Germaniam.	en Germanie.
Quantulum enim	Combien-peu en effet
amnis obstabat	le fleuve *du Rhin* était-obstacle
quominus,	à ce que,
ut quæque gens evaluerat,	selon que chaque nation l'avait emporté,
occuparet	elle occupât
permutaretque sedes	et changeât des emplacements
adhuc promiscuas	jusque-là vagues
et divisas	et *qui n'étaient* divisés
nulla potentia regnorum?	par aucune puissance de royaumes?
Igitur	Donc (c'est ainsi que)
inter silvam Hercyniam,	entre la forêt Hercynienne,
amnesque Rhenum	et les fleuves *du* Rhin
et Mœnum,	et *du* Mein,
Helvetii tenuere,	les Helvétiens occupèrent *des terres*,
Boii ulteriora,	*et* les Boïes *des lieux* plus éloignés,
gens Gallica utraque.	tribu gauloise l'une-et-l'autre.
Nomen Boiemi	Le nom *de* Bohêmes
manet adhuc,	subsiste encore,
significatque	et signifie
veterem memoriam loci,	un ancien souvenir de l'endroit,
quamvis cultoribus	quoique les habitants
mutatis.	ayant été changés.
Sed est incertum	Mais il est incertain
utrum Aravisci	si les Aravisques
commigraverint	ont émigré
in Pannoniam	en Pannonie
ab Osis,	*venant* des Oses,
natione Germanorum,	peuplade des Germains,
an Osi	ou-bien-si les Oses
in Germaniam	*ont émigré* en Germanie
ab Araviscis,	*venant* des Aravisques,
quum utantur adhuc	puisqu'ils emploient encore
eodem sermone,	le même langage,
institutis, moribus;	les *mêmes* lois, les *mêmes* coutumes;
quia olim	parce que *ces peuples étant* jadis
pari inopia ac libertate,	dans une pareille pauvreté et liberté,
bona malaque	les biens et les maux
utriusque ripæ	de l'une-et-l'autre rive *du Danube*
erant eadem.	étaient les mêmes.
Treveri ac Nervii	Les Trévires et les Nerviens
sunt ultro ambitiosi	sont d'eux-mêmes ambitieux
circa affectationem	à-l'-endroit-de la prétention
originis Germanicæ,	d'une (à une) origine germaine,
tanquam separentur	comme s'ils étaient séparés

ginis ultro ambitiosi sunt, tanquam per hanc gloriam sanguinis a similitudine et inertia Gallorum separentur. Ipsam Rheni ripam haud dubie Germanorum populi colunt, Vangiones, Triboci, Nemetes [1]. Ne Ubii [2] quidem, quanquam Romana colonia esse meruerint, ac libentius *Agrippinenses*, conditoris sui nomine, vocentur, origine erubescunt, transgressi olim, et experimento fidei super ipsam Rheni ripam collocati, ut arcerent, non ut custodirentur.

XXIX. Omnium harum gentium virtute præcipui, Batavi [3] non multum ex ripa, sed insulam Rheni amnis colunt, Cattorum quondam populus, et seditione domestica in eas sedes transgressus, in quibus pars Romani imperii fierent. Manet honos et antiquæ societatis insigne : nam nec tributis contemnuntur, nec publicanus atterit ; exempti oneribus et collationibus, et tantum in usum prœliorum sepositi, velut tela atque arma, bellis reservantur. Est in eodem obsequio et Mattiaco-

de cette descendance, échapper au reproche de lâcheté que l'on fait aux Gaulois. La rive même du Rhin est habitée par des peuples évidemment Germains, les Vangions, les Triboques, les Némètes. Les Ubiens mêmes, quoiqu'ils aient mérité d'être une colonie romaine et qu'ils s'appellent plus volontiers Agrippiniens, du nom de leur fondatrice, ne rougissent pas de cette origine : leur émigration est déjà ancienne ; une fois sûrs de leur fidélité, nous les plaçâmes sur la rive même du fleuve, moins pour les surveiller que pour nous en faire des défenseurs.

XXIX. Entre tous ces peuples, les premiers par la valeur, ce sont les Bataves ; ils ne s'étendent pas beaucoup le long du Rhin ; ils en occupent une île. C'était jadis une tribu des Cattes, que des dissensions domestiques forcèrent de passer dans ce pays où ils font aujourd'hui partie de l'empire. Ils ont encore de nos jours tous les honneurs et toutes les distinctions d'un ancien allié : ils ne sont ni avilis par les impôts, ni écrasés par les publicains. Exempts de charges et de contributions, et uniquement réservés pour les combats, on les ménage, comme des javelots ou des cuirasses. C'est aux mêmes conditions que nous obéissent les Mattiaques. Car la

per hanc gloriam sanguinis	par cette gloire du sang (de l'origine)
a similitudine	de la ressemblance
et inertia Gallorum.	et de la lâcheté des Gaulois.
Populi Germanorum	Des peuples des Germains
haud dubie	non douteusement (sans aucun doute)
colunt ripam ipsam Rheni,	habitent la rive même du Rhin,
Vangiones,	*ce sont* les Vangions,
Triboci, Nemetes.	les Triboques, les Némètes.
Ubii quidem,	Les Ubiens même,
quanquam meruerint	quoiqu'ils aient mérité
esse colonia Romana,	d'être colonie romaine,
ac vocentur libentius	et qu'ils s'appellent plus volontiers
Agrippinenses,	Agrippiniens,
nomine sui conditoris,	du nom de leur fondateur,
non erubescunt	ne rougissent pas
origine,	de *leur* origine *germaine*,
transgressi olim,	ayant passé *le Rhin* autrefois,
et collocati-	et ayant été placés
experimento fidei	d'après l'épreuve de *leur* fidélité
super ripam ipsam Rheni,	sur la rive même du Rhin,
ut arcerent,	afin qu'ils éloignassent *l'ennemi*,
non ut custodirentur.	non afin qu'ils fussent surveillés.
XXIX. Præcipui virtute	XXIX. Les premiers par le courage
omnium harum gentium,	de toutes ces nations,
Batavi	les Bataves
colunt non multum ex ripa,	habitent non beaucoup en-deçà-de la rive,
sed insulam amnis Rheni,	mais une île du fleuve *du* Rhin,
quondam populus	*c'était* jadis une peuplade
Cattorum	des Cattes
et transgressus	et *elle était* passée
seditione domestica	par suite d'une sédition domestique
in eas sedes,	dans ces pays *qu'elle occupe*,
in quibus fierent	dans lesquels *les Bataves* devaient devenir
pars imperii Romani.	partie de l'empire romain.
Honos et insigne	Un honneur et une marque
antiquæ societatis	de *leur* ancienne alliance
manet :	subsiste *encore* :
nam nec contemnuntur	car et ils ne sont pas flétris
tributis,	par des impôts,
nec publicanus atterit;	et le publicain ne *les* écrase pas;
exempti oneribus	exempts de charges
et collationibus,	et de contributions,
et sepositi tantum	et mis-en-réserve seulement
in usum prœliorum,	pour l'usage des combats,
reservantur bellis,	ils sont gardés pour les guerres,
velut tela atque arma.	comme des traits et des armes.
Et gens Mattiacorum	Egalement la nation des Mattiaques

rum [1] gens. Protulit enim magnitudo populi Romani ultra
Rhenum, ultraque veteres terminos, imperii reverentiam. Ita
sede finibusque in sua ripa, mente animoque nobiscum agunt,
cetera similes Batavis, nisi quod ipso adhuc terræ suæ solo
et cœlo acrius animantur. Non numeraverim inter Germaniæ
populos, quanquam trans Rhenum Danubiumque consederint,
eos qui Decumates agros [2] exercent. Levissimus quisque Gallorum, et inopia audax, dubiæ possessionis solum occupavere.
Mox, limite acto promotisque præsidiis, sinus [3] imperii et pars
provinciæ habentur.

XXX. Ultra hos Catti [4] initium sedis ab Hercynio saltu in-
choant, non ita effusis ac palustribus locis, ut ceteræ civitates
in quas Germania patescit : durant siquidem colles paulatim-
que rarescunt; et Cattos suos saltus Hercynius prosequitur

grandeur du peuple romain a propagé au delà du Rhin et de nos
anciennes limites le respect de sa puissance. Germains par le terri-
toire qu'ils occupent, les Mattiaques sont Romains de cœur et d'affection; du reste semblables aux Bataves, excepté que cet air et ce
sol natal exaltent plus encore leur courage. Je ne compterai pas, au
nombre des peuples de la Germanie, ceux qui habitent les terres dé-
cumates, quoique ce pays s'étende au delà du Rhin et du Danube.
Ce furent des aventuriers gaulois, poussés par l'inconstance, qui
vinrent former cet établissement hasardeux. Mais aujourd'hui que
nous avons reculé nos limites et porté nos garnisons plus avant, ce
pays, enclos dans les limites de l'empire, fait partie d'une de nos
provinces.

XXX. Immédiatement après sont les Cattes. Leur pays commence
avec la forêt Hercynienne; il est moins plat, moins marécageux que
les autres régions qu'embrasse la Germanie. On y voit même une
chaîne continue de coteaux qui s'éclaircissent insensiblement; la
forêt Hercynienne suit constamment les Cattes, et ne les abandonne

est in eodem obsequio.	est dans la même dépendance.
Magnitudo enim	En effet la grandeur
populi Romani	du peuple romain
protulit ultra Rhenum	a étendu au delà du Rhin
ultraque veteres terminos	et au delà de *ses* anciennes frontières
reverentiam imperii.	le respect de *son* pouvoir.
Ita sede finibusque	Ainsi par la demeure et les frontières
agunt in sua ripa,	ils habitent sur leur rive,
mente animoque	par le cœur et l'âme
nobiscum,	*ils habitent* avec nous,
similes cetera Batavis,	semblables du reste aux Bataves,
nisi quod	si ce n'est que
animantur	ils sont aiguillonnés
adhuc acrius	encore plus vivement
solo ipso et cœlo	par le sol même et le climat
suæ terræ.	de leur terre.
Non numeraverim	Je n'aurai pas compté (ne compterai pas)
inter populos Germaniæ,	parmi les peuples de la Germanie,
quanquam consederint	quoiqu'ils se soient établis
trans Rhenum	au delà du Rhin
Danubiumque,	et du Danube,
eos qui exercent	ceux qui travaillent (labourent)
agros Decumates.	les terres Décumates. [constants)
Quisque levissimus	Tout *homme* très-inconstant (les plus in-
Gallorum	des Gaulois [sère,
et audax inopia,	et *tout Gaulois rendu* audacieux par la mi-
occupavere solum	occupèrent *ce* sol
possessionis dubiæ.	d'une possession douteuse. [*avant*,
Mox limite acto,	Bientôt la limite ayant été poussée *en*
præsidiisque promotis,	et les postes ayant été portés-en-avant,
habentur	ils sont regardés-comme
sinus imperii	dernière-limite de l'empire
et pars provinciæ.	et partie de province.
XXX. Ultra hos	XXX. Au delà de ceux-ci
Catti inchoant	les Cattes font-partir
initium sedis	le commencement de *leur* emplacement
ab saltu Hercynio,	de la forêt Hercynienne, [verts
locis non ita effusis	les lieux n'étant pas ainsi (aussi) décou-
ac palustribus,	et *aussi* marécageux,
ut ceteræ civitates,	comme (que) les autres cités,
in quas	dans lesquelles
Germania patescit :	la Germanie se développe :
siquidem colles durant	en effet les collines continuent
rarescuntque paulatim ;	et s'éclaircissent insensiblement;
et saltus Hercynius	et la forêt Hercynienne
prosequitur	suit-jusqu'au-bout
atque deponit simul	et quitte *au bout* de même

simul atque deponit[1]. Duriora genti corpora, stricti artus, minax vultus, et major animi vigor. Multum, ut inter Germanos, rationis ac solertiæ; præponere electos, audire præpositos, nosse ordines, intelligere occasiones, differre impetus, disponere diem, vallare noctem, fortunam inter dubia, virtutem inter certa numerare : quodque rarissimum nec nisi ratione disciplinæ concessum, plus reponere in duce quam in exercitu. Omne robur in pedite, quem super arma ferramentis quoque et copiis onerant. Alios ad prœlium ire videas, Cattos ad bellum : rari excursus et fortuita pugna. Equestrium sane virium id proprium, cito parare victoriam, cito cedere. Velocitas juxta formidinem, cunctatio propior constantiæ est.

XXXI. Et aliis Germanorum populis usurpatum rara et privata cujusque audentia, apud Cattos in consensum vertit, ut

qu'à leurs dernières limites. Ils ont un corps robuste, des membres nerveux, l'air menaçant et une grande vigueur d'âme. Pour des Germains, ils ont beaucoup d'intelligence et de finesse; ils savent se choisir des chefs, écouter ceux qu'ils ont choisis, garder leur rang, saisir une occasion, différer une attaque, faire des dispositions le jour, prendre des précautions la nuit, attendre peu de la fortune, tout de la valeur, et, ce qui est fort rare et ne peut être que le fruit de la discipline, compter plus sur un général que sur toute une armée. Toute leur force est en infanterie, et chaque fantassin, outre ses armes, se charge encore d'outils et de vivres. Les autres Germains se battent; il n'y a que les Cattes qui fassent la guerre; ils évitent les excursions et les attaques fortuites. Au fond, c'est plutôt à la cavalerie de chercher une prompte victoire, une prompte retraite. La précipitation ressemble à la crainte; un peu de lenteur a mieux l'air de l'assurance.

XXXI. Il y a un usage qui, chez les autres nations germaniques, est particulier à un très-petit nombre de braves, et, chez les Cattes, est général : c'est qu'ils laissent croître leur barbe et leurs cheveux dès

suos Cattos.	ses Cattes.
Genti corpora duriora,	A *cette* nation *sont* des corps plus robustes.
artus stricti,	des membres ramassés,
vultus minax,	un visage menaçant,
et major vigor animi.	et une plus grande vigueur d'âme.
Multum rationis et solertiæ	Beaucoup d'intelligence et de finesse
ut inter Germanos;	en tant que entre (pour des) Germains ;
præponere electos,	*ils savent* mettre-à-leur-tête des *chefs* choisis,
audire præpositos,	écouter ceux qui sont mis-à-leur-tête,
nosse ordines,	connaître (garder) *leurs* rangs,
intelligere occasiones,	comprendre les occasions,
differre impetus,	différer les attaques,
disponere diem,	arranger le jour (profiter du jour),
vallare noctem,	fortifier la nuit (se retrancher la nuit),
numerare fortunam	compter la fortune
inter dubia,	parmi les choses douteuses,
virtutem inter certa :	le courage parmi les choses certaines :
quodque rarissimum	et ce qui *est* très-rare
nec concessum	et n'*est* accordé
nisi ratione disciplinæ,	que par la méthode de la discipline,
reponere in duce	*ils savent* mettre dans un général
plus quam in exercitu.	plus *de confiance* que dans une armée.
Omne robur in pedite,	Toute *leur* force *est* dans le fantassin,
quem onerant super arma	qu'ils chargent outre *ses* armes
ferramentis quoque	d'outils-en-fer aussi
et copiis.	et de provisions.
Videas alios	Vous pourriez voir d'autres *Germains*
ire ad prœlium,	aller au combat,
Cattes ad bellum :	*vous verrez* les Cattes *aller* à la guerre :
excursus rari	les excursions *sont* rares
et pugna fortuita.	et le combat fortuit *est rare.*
Sane id proprium	Assurément c'*est* le propre
virium equestrium,	de forces équestres,
parare victoriam cito,	de conquérir la victoire vite,
cedere cito.	de se retirer vite.
Velocitas	La vitesse
juxta formidinem,	*est* près-de la peur,
cunctatio est propior	la lenteur est plus proche de (ressemble
constantiæ.	l'assurance. [plus à)
XXXI. Usurpatum	XXXI. Un *usage* adopté
et aliis populis	aussi par d'autres tribus
Germanorum	des Germains
audentia rara et privata	par la hardiesse rare et particulière
cujusque,	de chacun,
vertit in consensum	a passé dans le consentement-général
apud Cattos,	chez les Cattes,
submittere crinem	c'*est de* laisser-croître *leurs* cheveux

primum adoleverint, crinem barbamque submittere, nec, nisi
hoste cæso, exuere votivum obligatumque virtuti oris habitum.
Super sanguinem et spolia revelant frontem, seque tum demum
pretia nascendi retulisse, dignosque patria ac parentibus ferunt. Ignavis et imbellibus manet squalor. Fortissimus quisque
ferreum insuper annulum [1] (ignominiosum id genti) velut vinculum gestat, donec se cæde hostis absolvat. Plurimis Cattorum hic placet habitus. Jamque canent insignes et hostibus
simul suisque monstrati : omnium penes hos initia pugnarum :
hæc prima semper acies, visu nova ; nam ne in pace quidem
vultu mitiore mansuescunt. Nulli domus, aut ager, aut aliqua
cura : prout ad quemque venere, aluntur, prodigi alieni, con-
temptores sui, donec exsanguis senectus tam duræ virtuti impares faciat.

XXXII. Proximi Cattis, certum jam [2] alveo Rhenum, quique

l'adolescence, et que, fidèles à un vœu qui les enchaîne à la valeur, ils ne
les coupent qu'après avoir tué un ennemi. C'est sur le sang et sur les
dépouilles qu'ils éclaircissent leur front ; alors seulement ils prétendent avoir payé le prix de leur naissance, et être dignes de leur patrie
et de leurs pères. Les lâches et les efféminés restent dans cet état toute
leur vie. Les plus braves prennent en outre un anneau de fer, ce qui
est chez eux le signe de l'ignominie, et ils le portent comme une
chaîne jusqu'à ce qu'ils s'en délivrent par la mort d'un ennemi.
Beaucoup de Cattes adoptent cet usage, et on les voit blanchir avec
ces chaînes glorieuses qui les désignent et à leurs ennemis et à leurs
concitoyens. Dans toutes les batailles, c'est à eux qu'il appartient de
commencer l'attaque ; ce sont eux qui forment la première ligne, et
leur aspect est effrayant. Dans la paix même ces visages féroces ne
s'adoucissent point. Aucun de ces guerriers n'a ni maison, ni terre,
ni soin de quoi que ce soit : ils vont se nourrir chez le premier venu,
prodigues du bien d'autrui, insoucieux du leur, jusqu'à ce que la
froide vieillesse vienne leur interdire une vertu trop dure pour cet âge.

XXXII. Tout près des Cattes sont les Usipiens et les Tenctères ; ils

barbamque;	et *leur* barbe,
ut primum adoleverint	dès-que d'abord ils sont-adultes,
nec exuere,	et de ne pas dépouiller,
nisi hoste cæso,	sinon un ennemi ayant été tué,
habitum oris votivum	*cette* tenue du visage résultat-d'un-vœu
obligatumque virtuti.	et engagée au courage.
Revelant frontèm	Ils découvrent *leur* front
super sanguinem et spolia,	sur le sang et les dépouilles,
feruntque	et ils prétendent [ment
se retulisse tum demum	eux avoir rapporté (acquitté) alors seule-
pretia nascendi,	le prix de naître (de leur naissance),
dignosque patria	et *être* dignes de *leur* patrie
ac parentibus.	et de *leurs* pères.
Squalor manet	*Cet* aspect-hideux reste
ignavis et imbellibus.	aux *hommes* sans-courage et lâches.
Quisque fortissimus	Chaque *guerrier* très-valeureux
gestat insuper	porte en outre
annulum ferreum	un anneau de-fer
(id ignominiosum genti)	(*c'est un signe* honteux pour *cette* nation)
velut vinculum,	comme une chaîne,
donec se absolvat	jusqu'à ce qu'il s'*en* délivre
cæde hostis.	par la mort d'un ennemi.
Hic habitus	Cet extérieur
placet plurimis Cattorum.	plaît à la plupart des Cattes.
Jamque canent insignes	Et plus-tard ils blanchissent glorieux
et monstrati hostibus	et désignés aux ennemis
simul suisque :	en même temps et à leurs *concitoyens* :
initia omnium pugnarum	les commencements de tous les combats
penes hos :	*sont* au pouvoir d'eux :
hæc acies semper prima,	cette ligne *est* toujours la première,
nova visu ;	nouvelle (étonnante) à être vue ;
nam ne in pace quidem	car pas même dans la paix
mansuescunt	ils ne s'adoucissent
vultu mitiore.	par un air plus calme.
Domus, aut ager,	Une maison, ou une terre,
aut aliqua cura	ou quelque soin
nulli :	*n'est* à aucun *de ces guerriers :*
prout venere	selon qu'ils sont venus
ad quemque,	chez n'importe-qui,
aluntur,	ils *y* sont nourris,
prodigi alieni,	prodigues du *bien* d'autrui,
contemptores sui,	insoucieux du leur,
donec senectus exsanguis	jusqu'à-ce-que la vieillesse sans-vigueur
faciat impares	*les* fasse inégaux (trop faibles)
virtuti tam duræ.	à (pour) une vertu aussi dure.
XXXII. Proximi Cattis,	XXXII. Les plus proches des Cattes,
Usipii ac Tencteri	les Usipiens et les Tenctères

terminus esse sufficiat, Usipii ac Tencteri colunt. Tencteri,
super solitum bellorum decus, equestris disciplinæ arte præ-
cellunt ; nec major apud Cattos peditum laus quam Tencteris
equitum. Sic instituere majores, posteri imitantur. Hic lusus
infantium, hæc juvenum æmulatio, perseverant senes ∴ inter
familiam et penates et jura successionum equi traduntur : excipit filius, non, ut cetera, maximus natu, sed prout ferox
bello et melior.

XXXIII. Juxta Tencteros Bructeri olim occurrebant : nunc
Chamavos et Angrivarios ¹ immigrasse narratur, pulsis Bruc-
teris ac penitus excisis, vicinarum consensu nationum, seu
superbiæ odio, seu prædæ dulcedine, seu favore quodam
erga nos deorum ; nam ne spectaculo quidem prœlii invidere :
super sexaginta millia non armis telisque Romanis, sed, quod
magnificentius est, oblectationi oculisque ceciderunt. Maneat,

bordent le Rhin, dont le lit est encore assez fixe pour servir de bar-
rière. Les Tenctères, outre le mérite ordinaire de la valeur, ont celui
d'être excellents cavaliers ; et l'infanterie catte n'est pas plus estimée
que la cavalerie tenctère. C'était la gloire des pères, c'est celle des
descendants. L'équitation est l'amusement de l'enfance, la passion
de la jeunesse, l'occupation même des vieillards. On lègue les chevaux comme on lègue les esclaves, la maison et les autres effets de
succession : seulement, ce n'est pas l'aîné qui en hérite, comme pour
le reste ; c'est le plus intrépide à la guerre et le meilleur cavalier.

XXXIII. A côté de ce peuple on trouvait autrefois les Bructères ;
maintenant on dit que les Chamaves et les Angrivariens ont pris leur
place, après qu'ils eurent, de concert avec les nations voisines, chassé
et détruit entièrement les Bructères, soit en haine de leur orgueil, soit
par appât du butin, soit par je ne sais quelle faveur des dieux
envers nous ; car leur bonté nous ménagea jusqu'au plaisir de con-
templer ce combat ; plus de soixante mille hommes succombèrent,
non par nos armes et sous nos soldats, mais, ce qui est bien plus beau,

colunt Rhenum | habitent *la partie du* Rhin
jam certum alveo, | encore fixe dans *son* lit,
quique sufficiat̃ | et qui peut *encore*
esse terminus. | être une frontière.
Tencteri, | Les Tenctères,
super decus solitum | outre la gloire ordinaire
bellorum, | des guerres,
præcellunt | l'emportent
arte disciplinæ equestris ; | par l'art de la discipline équestre ;
nec laus peditum | et la gloire des fantassins
major apud Cattos | n'*est* pas plus grande chez les Cattes
quam equitum | que *celle* des cavaliers
Tencteris. | pour les Tenctères.
Sic instituere majores, | Ainsi ont établi les ancêtres,
posteri imitantur. | les descendants *les* imitent.
Hic lusus infantium, | C'*est* le jeu des enfants,
hæc æmulatio juvenum, | c'*est* l'ambition des jeunes-gens,
senes perseverant : | les vieillards continuent :
equi traduntur | les chevaux sont livrés
inter familiam et penates | parmi le domestique et les pénates
et jura successionum : | et les droits de successions :
filius excipit, | un fils *les* reçoit,
non maximus natu, | non pas le plus grand par l'âge (l'aîné),
ut cetera , | comme *il reçoit* le reste ,
sed prout ferox bello | mais selon qu'*un fils est* fier à la guerre
et melior. | et meilleur *que les autres.*
XXXIII. Juxta Tencteros | XXXIII. A côté des Tenctères
occurrebant olim Bructeri : | venaient jadis les Bructères :
nunc narratur | aujourd'hui il est raconté
Chamavos et Angrivarios | les Chamaves et les Angrivares
immigrasse, | avoir passé *dans ce pays,*
Bructeris pulsis | les Bructères ayant été chassés
ac excisis penitus, | et détruits totalement,
consensu | par une ligue
nationum vicinarum, | des nations voisines,
seu odio superbiæ, | soit par haine de *leur* orgueil,
seu dulcedine prædæ, | soit par appât du butin,
seu quodam favore deorum | soit par quelque faveur des dieux
erga nos ; | envers nous ;
nam ne invidere quidem | car ils ne *nous* ont pas même envié
spectaculo prœlii : | le spectacle du combat :
super sexaginta millia | plus-de soixante mille
ceciderunt | sont tombés
non armis | non par les armes
telisque Romanis, | et les traits romains,
sed, | mais,
quod est magnificentius, | ce qui est plus beau,

quæso, duretque gentibus, si non amor nostri, at certe odium sui : quando, urgentibus imperii fatis, nihil jam præstare fortuna majus potest quam hostium discordiam.

XXXIV. Angrivarios et Chamavos a tergo Dulgibini et Chasuari [1] cludunt, aliæque gentes haud perinde memoratæ. A fronte Frisii [2] excipiunt. Majoribus minoribusque Frisiis vocabulum est, ex modo virium : utræque nationes usque ad Oceanum Rheno prætexuntur, ambiuntque immensos insuper lacus, et Romanis classibus navigatos. Ipsum quin etiam Oceanum illa tentavimus; et superesse adhuc Herculis columnas [3] fama vulgavit, sive adiit Hercules, seu quidquid ubique magnificum est, in claritatem ejus referre consensimus. Nec defuit audentia Druso Germanico, sed obstitit Oceanus in se simul atque in Herculem inquiri. Mox nemo tentavit; sanctiusque ac reverentius visum de actis deorum credere quam scire.

pour notre plaisir et sous nos yeux. Puisse, à défaut d'affection pour nous, subsister éternellement dans le cœur des nations cette haine d'elles-mêmes ! puisque, pressés comme nous le sommes par les destinées de l'empire, tout ce que la fortune peut faire pour nous, c'est de livrer nos ennemis à la discorde.

XXXIV. Les Angrivariens et les Chamaves ont derrière eux les Dulgibins, les Chasuares et d'autres peuples moins connus qui les enferment. En face, ce sont les Frisons. Ceux-ci forment deux nations, les grands et les petits Frisons, ainsi nommés en raison de leurs forces. Ils s'étendent les uns et les autres le long du Rhin jusqu'à l'Océan, et autour de lacs immenses qui ont été traversés par les flottes romaines. C'est même par là que nous avons fait une excursion sur l'Océan, et la renommée a publié qu'il existait de ce côté des colonnes d'Hercule, soit qu'Hercule ait pénétré jusque là, ou que nous soyons convenus de rapporter à sa gloire tout ce qui s'est fait d'extraordinaire. Ce ne fut pas l'audace qui manqua à Drusus, mais l'Océan s'opposa aux recherches qu'on aurait pu faire sur Hercule et sur lui-même. Depuis ce temps, personne n'en a tenté de nouvelles, et l'on a trouvé plus respectueux et plus religieux de croire les merveilles des dieux que de les éclaircir.

oblectationi oculisque.
At certe odium sui,
si non amor nostri,
maneat, quæso,
duretque gentibus :
quando,
fatis imperii urgentibus,
fortuna potest jam
præstare nihil majus
quam discordiam hostium.
XXXIV. Dulgibini
et Chasuari
aliæque gentes
haud perinde memoratæ
cludunt a tergo
Angrivarios et Chamavos.
Frisii excipiunt a fronte.
Vocabulum est Frisiis
majoribus minoribusque,
ex modo virium :
utræque nationes
prætexuntur Rheno
usque ad Oceanum,
ambiuntque insuper
lacus immensos,
et navigatos
classibus Romanis.
Quin etiam tentavimus illa
Oceanum ipsum ;
et fama vulgavit
columnas Herculis
superesse adhuc,
sive Hercules adiit,
seu consensimus
referre in claritatem ejus
quidquid est magnificum
ubique.
Nec audentia defuit
Druso Germanico,
sed Oceanus obstitit
inquiri in se
simul atque in Herculem.
Mox nemo tentavit;
visumque
sanctius ac reverentius
credere quam scire
de actis deorum.

pour *notre* plaisir et pour *nos* yeux.
Que du moins la haine d'eux-mêmes,
sinon l'amour de nous,
reste, je *le* demande,
et demeure à *ces* nations :
puisque,
les destins de l'empire poussant-en-avant,
la fortune *ne* peut plus
nous donner rien de mieux
que la discorde des ennemis.
XXXIV. Les Dulgibins
et les Chasuares
et d'autres nations
non autant rappelées (connues)
ferment par derrière
les Angrivariens et les Chamaves.
Les Frisons *les* continuent par devant.
Le nom est aux Frisons
de plus grands et *de* plus petits,
d'après la mesure de *leurs* forces :
l'une-et-l'autre nation
sont bordées par le Rhin
jusqu'à l'Océan,
et entourent en outre
des lacs immenses,
et parcourus
par des flottes romaines.
Bien plus nous avons cherché par là
l'Océan même ;
et là renommée a publié
des colonnes d'Hercule
exister encore *dans ce pays,*
soit qu'Hercule *l'*ait visité,
ou que nous soyons-d'accord
de rapporter à la célébrité de lui
tout ce qui est magnifique
en-tous-lieux.
Et la hardiesse ne manqua pas
à Drusus Germanicus,
mais l'Océan empêcha
des-recherches-être-faites sur lui
en-même-temps et sur Hercule.
Depuis nul ne *le* tenta ;
et il parut
plus saint et plus respectueux
de croire que de savoir
touchant les œuvres des dieux.

XXXV. Hactenus in occidentem Germaniam novimus. In septentrionem ingenti flexu redit. Ac primo statim Chaucorum [1] gens, quanquam incipiat a Frisiis ac partem littoris occupet, omnium quas exposui gentium lateribus obtenditur, donec in Cattos usque sinuatur. Tam immensum terrarum spatium non tenent tantum Chauci, sed et implent : populus inter Germanos nobilissimus, quique magnitudinem suam malit justitia tueri; sine cupiditate, sine impotentia, quieti secretique, nulla provocant bella, nullis raptibus aut latrociniis populantur. Idque præcipuum virtutis ac virium argumentum est, quod, ut superiores agant, non per injurias assequuntur. Prompta tamen omnibus arma, ac, si res poscat, exercitus ; plurimum virorum equorumque; et quiescentibus eadem fama.

XXXVI. In latere Chaucorum Cattorumque, Cherusci [2] nimiam ac marcentem diu pacem illacessiti nutrierunt; idque

XXXV. Nous ne connaissons jusqu'ici de la Germanie que l'occident ; pour remonter au nord, elle fait un grand détour. Et d'abord on rencontre le pays des Chauques. Bien qu'il commence aux Frisons, et qu'il occupe une partie du littoral, il borde néanmoins toutes les nations que je viens de nommer, et se replie jusqu'au pays des Cattes. Les Chauques possèdent cette immense étendue de terrain ; disons mieux, ils la couvrent. C'est le plus noble peuple de la Germanie, le seul qui n'emploie que l'équité au soutien de sa grandeur. Sans le moindre esprit de cupidité, de domination, tranquilles et renfermés chez eux, ils ne provoquent aucune guerre, et n'exercent ni rapines ni brigandages ; et, ce qui est une grande preuve de vertu ainsi que de puissance, ils conservent leur supériorité sans faire jamais d'injustice. Ils ont cependant leurs armes toujours prêtes, et au besoin une armée nombreuse. Ils abondent en hommes et en chevaux, et l'inaction n'ôte rien à leur renommée.

XXXVI. A côté des Chauques et des Cattes se trouvent les Chérusques : tranquilles, ils s'endormirent trop longtemps dans les dou-

XXXV. Novimus hactenus Germaniam in occidentem.	XXXV. Nous connaissons jusqu'ici la Germanie à l'occident.
Redit in septentrionem ingenti flexu.	Elle revient au nord par un grand détour.
Et primo statim gens Chaucorum,	Et d'abord aussitôt la nation des Chauques,
quanquam incipiat a Frisiis	quoiqu'elle commence aux Frisons
ac occupet partem littoris,	et qu'elle occupe une partie du rivage,
obtenditur lateribus	s'étend-sur les côtés
omnium gentium	de toutes les nations
quas exposui,	que j'ai exposées,
donec sinuetur	jusqu'à ce qu'elle se replie
usque in Cattos.	jusque vers les Cattes.
Chauci non tenent tantum,	Les Chauques n'occupent pas seulement,
sed et implent	mais aussi remplissent
spatium terrarum	une étendue de terres
tam immensum :	aussi immense :
populus nobilissimus	c'est le peuple le plus noble
inter Germanos,	entre les Germains,
quique malit	et qui aime-mieux
tueri suam magnitudinem	soutenir sa grandeur
justitia ;	par la justice ;
sine cupiditate,	sans cupidité,
sine impotentia,	sans violence,
quieti secretique,	tranquilles et isolés,
provocant nulla bella,	ils ne provoquent aucunes guerres,
populantur nullis raptibus	et ne ravagent par aucunes rapines
aut latrociniis.	ou brigandages.
Idque argumentum	Et cette preuve
virtutis ac virium	de leur courage et de leurs forces
est præcipuum,	est la principale,
quod non assequuntur	qu'ils n'obtiennent pas
per injurias	par des injustices
ut agant superiores.	qu'ils agissent en supérieurs.
Tamen	Pourtant
arma prompta omnibus,	les armes sont à-la-portée-de tous,
ac exercitus,	et même une armée,
si res poscat ;	si l'occasion le demande ;
plurimum virorum	beaucoup d'hommes
equorumque ;	et de chevaux sont à eux ;
et eadem fama	et la même renommée est
quiescentibus.	à eux se reposant.
XXXVI. In latere Chaucorum Cattorumque,	XXXVI. Sur le flanc (à côté) des Chauques et des Cattes,
Cherusci illacessiti	les Chérusques non-inquiétés
nutrierunt dui	nourrirent pendant-longtemps

jueundius quam tutius fuit : quia inter impotentes et validos falso quiescas ; ubi manu agitur, modestia ac probitas nomina superioris sunt. Ita qui olim boni æquique Cherusci, nunc inertes ac stulti vocantur : Cattis victoribus fortuna in sapientiam cessit. Tracti ruina Cheruscorum et Fosi, contermina gens, adversarum rerum ex æquo socii, quum in secundis minores fuissent.

XXXVII. Eumdem Germaniæ sinum proximi Oceano Cimbri[1] tenent, parva nunc civitas, sed gloria ingens : veterisque famæ lata vestigia manent, utraque ripa castra ac spatia[2], quorum ambitu nunc quoque metiaris molem manusque gentis, et tam magni exercitus fidem. Sexcentesimum et quadragesimum annum urbs nostra agebat, quum primum Cimbrorum audita sunt arma, Cæcilio Metello ac Papirio Carbone consulibus[3].

ceurs de la paix ; calme agréable, mais trompeur ; car le repos est illusoire au milieu de voisins ambitieux et puissants, et, après la guerre, le nom d'équitable et de modéré reste au plus fort. Les Chérusques en sont la preuve ; on les appelait les justes et les bons ; maintenant ce sont les lâches et les stupides Chérusques. Les Cattes, depuis leur victoire, ont été les sages. La ruine des Chérusques entraîna aussi celle des Foses, nation voisine, qui a été associée à leur malheur, bien qu'elle n'ait pas été également associée à leur prospérité.

XXXVII. C'est encore au nord de la Germanie que sont placés, tout près de l'Océan, les Cimbres, nation maintenant peu nombreuse, mais couverte de gloire. Il reste encore des traces de leur antique renommée ; ce sont, sur l'une et l'autre rive du Rhin, des camps dont l'immense circuit peut faire juger de l'importance et des forces de cette nation, et dépose en faveur de cette prodigieuse armée. Rome comptait sa six cent quarantième année d'existence, quand, pour la première fois, elle entendit retentir dans l'Italie les armes des Cimbres, sous le consulat de Cécilius Metellus et de Papirius

pacem nimiam	une paix trop-longue
ac marcentem;	et énervante;
idque fuit jucundius	et cela *leur* a été plus agréable
quam tutius;	que plus sûr (que sûr);
quia quiescas falso	parce que vous reposeriez trompeusement
inter impotentes ac validos;	parmi des violents et des forts;
ubi agitur manu,	dès qu'il est agi avec la main (qu'on em-
modestia ac probitas	modération et probité [ploie la force),
sunt nomina superioris.	sont les noms du plus fort.
Ita qui olim	Ainsi ceux qui jadis *étaient*
boni æquique Cherusci,	les bons et les équitables Chérusques,
nunc vocantur inertes	aujourd'hui sont appelés lâches
ac stulti :	et stupides :
fortuna	la fortune
cessit in sapientiam	a tourné en sagesse
Cattis victoribus.	pour les Cattes victorieux.
Et Fosi, gens contermina,	Les Foses aussi, nation limitrophe,
tracti ruina Cheruscorum,	entraînés dans la ruine des Chérusques,
socii ex æquo	*ont été* associés avec égalité
rerum adversarum,	des (aux) événements contraires,
quum fuissent minores	tandis qu'ils avaient été moindres
in secundis.	dans les *événements* heureux.
XXXVII. Cimbri	XXXVII. Les Cimbres
tenent eumdem sinum	occupent le même côté
Germaniæ,	de la Germanie,
proximi Oceano,	très-proches de l'Océan,
nunc civitas parva,	aujourd'hui cité petite *en étendue*,
sed ingens gloria :	mais grande par *sa* gloire :
lataque vestigia	et de vastes vestiges
veteris famæ	de *son* antique renommée
manent,	subsistent,
utraque ripa	*ce sont* sur l'une-et-l'autre rive
castra ac spatia,	des camps et des étendues,
ambitu quorum	par le circuit desquelles
nunc quoque	aujourd'hui encore
metiaris molem	vous pourriez-mesurer la masse
manusque gentis,	et les bras (les forces) de *cette* nation,
et fidem	et la croyance *que l'on peut avoir*
exercitus tam magni.	d'une (à une) armée aussi considérable.
Nostra urbs agebat	Notre ville passait
annum sexcentesimum	*son* année six-centième
et quadragesimum,	et quarantième,
quum arma Cimbrorum	quand les armes des Cimbres
audita sunt primum,	furent entendues pour-la-première-fois,
Cæcilio Metello	Cécilius Métellus
ac Papirio Carbone	et Papirius Carbon
consulibus.	*étant* consuls.

Ex quo si ad alterum imperatoris Trajani consulatum compu-
temus [1], ducenti ferme et decem anni colliguntur : tamdiu Germania vincitur. Medio tam longi ævi spatio, multa invicem
damna. Non Samnis, non Pœni, non Hispaniæ Galliæve, ne
Parthi quidem sæpius admonuere : quippe regno Arsacis acrior
est Germanorum libertas. Quid enim aliud nobis quam cædem
Crassi [2], amisso et ipse Pacoro [3], infra Vintidium [4] dejectus
Oriens objecerit ? At Germani, Carbone [5], et Cassio [6], et
Scauro Aurelio [7], et Servilio Cæpione, Cn. quoque Manlio [8],
fusis vel captis, quinque simul consulares exercitus populo
Romano, Varum [9] tresque cum eo legiones etiam Cæsari abstu-
lerunt; nec impune C. Marius in Italia, divus Julius in Gallia,
Drusus ac Nero et Germanicus [10] in suis eos sedibus percule-
runt. Mox ingentes C. Cæsaris [11] minæ in ludibrium versæ.
Inde otium : donec, occasione discordiæ nostræ et civilium

Carbo. A dater de cette époque jusqu'au second consulat de Trajan,
on trouve deux cent dix ans environ. Que de temps pour vaincre la
Germanie! et dans l'intervalle d'une si longue période, quelles al-
ternatives de succès et de revers! Ni les Samnites, ni les Carthagi-
nois, ni les Espagnes ou les Gaules, pas même les Parthes ne nous
ont donné de plus fréquentes leçons. C'est que la liberté germaine
est plus vivace que le despotisme d'Arsace. Car enfin, si l'on excepte
le meurtre de Crassus, que peut donc nous reprocher l'Orient,
l'Orient perdant son Pacorus, l'Orient abattu sous les pieds d'un
Vintidius? Au contraire, les Germains ont battu ou pris Carbon,
Cassius, Scaurus, Aurélius, Servilius, Cépion, Cn. Manlius. Ils ont
enlevé au peuple romain cinq armées consulaires, à Auguste, Varus
et trois légions; et ce ne fut pas sans peine que Marius parvint à les
battre en Italie, Jules-César en Gaule, Drusus, Tibère et Germanicus dans leur propre pays. Plus tard, les formidables préparatifs
de Caïus n'aboutirent qu'au ridicule. On fut tranquille ensuite, jusqu'au moment où profitant de nos dissensions et de la guerre civile,

Ex quo si computemus	Depuis laquelle *année* si nous comptons
ad alterum consulatum	jusqu'au second consulat
imperatoris Trajani,	de l'empereur Trajan,
ferme ducenti et decem anni	presque deux cent et dix ans
colliguntur :	sont amassés :
tamdiu	aussi-longtemps
Germania vincitur.	la Germanie est vaincue.
Medio spatio	Au milieu de l'espace
ævi tam longi,	d'une période si longue,
multa damna invicem.	bien des pertes *sont essuyées* tour-à-tour.
Non Samnis, non Pœni,	Ni le Samnite, ni les Carthaginois,
non Hispaniæ, Galliæve,	ni les Espagnes, ou (ni) les Gaules,
ne Parthi quidem	pas même les Parthes
admonuere sæpius :	ne *nous* ont avertis plus souvent :
quippe libertas	car la liberté
Germanorum	des Germains
est acrior	est plus vivace
regno Arsacis.	que la monarchie d'Arsace.
Quid enim aliud	En effet quel autre *revers*
quam cædem Crassi	que la mort de Crassus
objecerit nobis Oriens ipse	peut reprocher à nous l'Orient même
dejectus infra Vintidium,	abattu sous Vintidius,
et Pacoro amisso?	et Pacorus ayant été perdu?
At Germani,	Mais les Germains,
Carbone, et Cassio,	par Carbon, et par Cassius,
et Scauro Aurelio,	et par Scaurus Aurélius
et Servilio Cæpione,	et par Servilius Cépion,
Cn. Manlio quoque,	par Cn. Manlius aussi,
fusis vel captis,	battus ou pris,
abstulerunt simul	enlevèrent à la fois
populo Romano [res,	au peuple romain
quinque exercitus consula-	cinq armées consulaires,
Varum etiam Cæsari	Varus même à César-*Auguste*
tresque legiones cum eo;	et trois légions avec lui;
et Caius Marius in Italia,	et Caius Marius en Italie,
divus Julius in Gallia,	le divin Jules-*César* en Gaule,
Drusus ac Nero	Drusus et Néron
et Germanicus	et Germanicus
non eos perculerunt impune	ne les frappèrent pas impunément
in suis sedibus.	dans leurs foyers.
Mox ingentes minæ	Puis les grandes menaces
Caii Cæsaris	de Caïus César *Caligula*
versæ in ludibrium.	*furent* tournées en risée.
Inde otium :	Puis la tranquillité *vint* :
donec	jusqu'à-ce-que
occasione nostræ discordiæ	à la faveur de notre discorde
et armorum civilium,	et de *nos* armes (guerres) civiles,

armorum, expugnatis legionum hibernis, etiam Gallias affectavere ; ac rursus pulsi inde, proximis temporibus triumphati [1] magis quam victi sunt.

XXXVIII. Nunc de Suevis[2] dicendum est, quorum non una,
ut Cattorum Tencterorumve , gens : majorem enim Germaniæ
partem obtinent, propriis adhuc nationibus nominibusque
discreti, quanquam in commune Suevi vocentur. Insigne gentis obliquare crinem [3] nodoque substringere. Sic Suevi a ceteris Germanis, sic Suevorum ingenui a servis separantur. In
aliis gentibus, seu cognatione aliqua Suevorum, seu, quod
sæpe accidit, imitatione, rarum et intra juventæ spatium;
apud Suevos , usque ad canitiem horrentem capillum retro
sequuntur, ac sæpe in ipso solo vertice religant; principes et
ornatiorem habent : ea cura formæ, sed innoxia : neque enim

ils forcèrent les camps de nos légions et attaquèrent même les Gaules.
On les en a chassés de nouveau ; et enfin dans ces derniers temps on
a triomphé d'eux plutôt qu'on ne les a vaincus.

XXXVIII. Maintenant il faut parler des Suèves, qui ne forment
pas, comme les Cattes ou les Tenctères, une seule nation ; car ils
occupent la plus grande partie de la Germanie, et ils sont divisés en
différents peuples particuliers, qui ont chacun leur nom, quoiqu'ils
soient compris sous le nom général de Suèves. Un usage propre à la
nation , c'est de tresser et d'assujettir avec un nœud la chevelure.
C'est ce qui distingue les Suèves des autres Germains, et, parmi les
Suèves , l'homme libre de l'esclave. Si d'autres nations , soit en raison
de leur parenté avec les Suèves, soit par esprit d'imitation, chose
assez commune, ont adopté cet usage , c'est une singularité de jeune
homme ; au lieu que les Suèves, jusque dans la vieillesse, ramènent
ainsi leur chevelure, ou la fixent souvent sur un seul point, au sommet de la tête : les chefs y mettent plus d'art encore : c'est leur re-

hibernis legionum expugnatis,
les camps-d'hiver de *nos* légions ayant été forcés,

affectavere etiam Gallias :
ils attaquèrent même les Gaules :

ac pulsi inde rursus,
et repoussés de là de nouveau,

proximis temporibus
dans *ces* derniers temps

triumphati sunt
ils furent-représentés-en-triomphe

magis quam victi.
plutôt que vaincus.

XXXVIII. Nunc est dicendum de Suevis,
XXXVIII. Maintenant il est à-parler (il faut parler) des Suèves,

quorum gens non una,
dont la nation n'*est* pas une,

ut Cattorum Tencterorumve :
comme *celle* des Cattes ou (et) des Tenctères :

obtinent enim majorem partem Germaniæ,
ils occupent en effet une plus grande partie de la Germanie,

discreti nationibus nominibusque
séparés par des tribus et des noms

adhuc propriis,
encore *aujourd'hui* particuliers,

quanquam in commune vocentur Suevi.
quoique en général ils soient appelés Suèves.

Insigne gentis obliquare crinem et substringere nodo.
La marque de cette nation *c'est* de contourner la chevelure et de *l'*attacher avec un nœud.

Sic Suevi separantur a ceteris Germanis,
C'est ainsi *que* les Suèves sont distingués de tous-les-autres Germains,

sic ingenui Suevorum a servis.
ainsi *que* les libres d'entre les Suèves *sont distingués* des esclaves.

In aliis gentibus, seu
Dans d'autres nations, *si cet usage existe* soit

aliqua cognatione Suevorum,
par quelque parenté des (avec les) Suèves,

seu imitatione,
soit par imitation,

quod accidit sæpe,
ce qui arrive souvent,

rarum
il est rare

et intra spatium juventæ ;
et *contenu* dans le temps de la jeunesse;

apud Suevos,
chez les Suèves

usque ad canitiem sequuntur retro
jusqu'à la vieillesse ils suivent (ramènent) en arrière

capillum horrentem,
leur chevelure hérissée,

ac sæpe religant in vertice solo ;
et souvent *l'*attachent sur le sommet seul (seulement) ;

principes
les chefs

habent et ornatiorem :
*l'*ont même plus ornée :

ea cura formæ,
c'est là le soin de *leur* parure,

sed innoxia :
mais *soin* innocent :

neque enim ut ament,
ce n'est pas en effet afin qu'ils aiment,

ut ament amenturve; in altitudinem quamdam et terrorem, adituri bella, compti ut hostium oculis, ornantur.

XXXIX. Vetustissimos se nobilissimosque Suevorum Semnones [1] memorant. Fides antiquitatis religione firmatur. Stato tempore in silvam, auguriis patrum et prisca formidine sacram [2], omnes ejusdem sanguinis populi legationibus coeunt, cæsoque publice homine, celebrant barbari ritus horrenda primordia. Est et alia luco reverentia. Nemo nisi vinculo ligatus ingreditur, ut minor et potestatem numinis præ se ferens : si forte prolapsus est, attolli et insurgere haud licitum; per humum evolvuntur : eoque omnis superstitio respicit, tanquam inde initia gentis, ibi regnator omnium Deus, cetera subjecta atque parentia. Adjicit auctoritatem fortuna Semnonum, centum pagis habitantium; magnoque corpore efficitur ut se Suevorum caput credant.

cherche, elle est innocente. L'amour n'y entre pour rien ; c'est pour rehausser leur taille et inspirer la terreur qu'avant d'aller au combat ils se parent comme pour les yeux de l'ennemi.

XXXIX. Les Semnones se prétendent les plus nobles et les plus anciens de la nation Suève. Cette idée de leur ancienneté est justifiée par leur religion. Une de leurs forêts, consacrée par les augures de leurs pères et par une antique terreur, voit se rassembler à une époque désignée les députations de tous les peuples Suèves, et le meurtre solennel d'un prisonnier est l'horrible prélude de leur culte barbare. Il se rattache encore à ce bois une autre pratique. Personne n'y entre sans un lien qui atteste et son infériorité et la puissance du dieu. Si l'on vient à tomber, il n'est en aucun cas permis de se relever ; on se roule par terre ; toute cette superstition a pour but de faire croire que le pays des Semnones est le berceau des Suèves et la résidence du dieu qui leur commande à tous, et que le reste est fait pour se soumettre et obéir. La fortune des Semnones donne du poids à cette prétention : ils possèdent cent cantons, et cette masse de puissance leur persuade qu'ils sont la tête de la nation des Suèves.

amenturve ;

aditùri bella,

ornantur

in quamdam altitudinem

et terrorem,

compti ut oculis hostium.

XXXIX. Semnones

memorant se vetustissimos

nobilissimosque

Suevorum.

Fides antiquitatis

firmatur religione.

Omnes populi

ejusdem sanguinis

coeunt legationibus

tempore stato in silvam

sacram auguriis patrum

et prisca formidine,

homineque cæso publice,

celebrant

horrenda primordia

ritus barbari.

Alia reverentia est et luco.

Nemo ingreditur

nisi ligatus vinculo,

ùt minor

et ferens præ se

potestatem numinis :

si forte prolapsus est,

haud licitum

attolli et insurgere ;

evolvuntur per humum :

omnisque superstitio

respicit eo,

tanquam

initia gentis

inde,

Deus regnator omnium

ibi ,

cetera subjecta

atque parentia.

Fortuna Semnonum

habitantium centum pagis

adjicit auctoritatem ;

efficiturque magno corpore

ut se credant

caput Suevorum.

ou soient aimés ;

mais devant-aller aux guerres,

ils se parent

en vue d'une certaine hauteur

et d'une *certaine* terreur *à inspirer*,

coiffés comme pour les yeux des ennemis.

XXXIX. Les Semnones

disent eux *être* les plus anciens

et les plus nobles

des Suèves.

Cette croyance de *leur* antiquité

est confirmée par la religion.

Tous les peuples

du même sang

se réunissent par députations

en un temps fixé dans une forêt

consacrée par les augures de *leurs* pères

et par une ancienne terreur,

et un homme étant tué publiquement,

ils célèbrent

les horribles préludes

de *leur* rite barbare.

Une autre marque-de-respect est aussi à

Personne n'y entre   [ce bois.

si *ce n'est* attaché avec une chaîne,

comme inférieur

et portant devant lui (montrant)

la puissance de la divinité :

si par hasard il est tombé,

il n'est pas permis

de se relever et de se redresser ;

ils se roulent par terre :

et toute *cette* superstition

regarde là (a pour but)

comme si (de faire croire que)

les commencements de la nation

partent de-là,

le Dieu souverain de tous

réside là,

le reste *est* soumis

et obéissant.

La fortune des Semnones

qui habitent dans cent villages

donne du poids *à ces prétentions;*

et il est fait (il résulte) par (de) *ce* grand

qu'ils se croient   [corps

la tête *de la nation* des Suèves.

XL. Contra Langobardos [1] paucitas nobilitat, quod plurimis ac valentissimis nationibus cincti, non per obsequium, sed prœliis et periclitando tuti sunt. Reudigni deinde, et Aviones, et Angli, et Varini, et Eudoses, et Suardones, et Nuithones [2], fluminibus aut silvis muniuntur : nec quidquam notabile in singulis, nisi quod in commune Hertham [3], id est Terram Matrem, colunt, eamque intervenire rebus hominum, invehi populis arbitrantur. Est in insula [4] Oceani castum nemus, dicatumque in eo vehiculum, veste contectum : attingere uni sacerdoti concessum. Is adesse penetrali deam intelligit, vectamque bobus feminis multa cum veneratione prosequitur. Læti tunc dies, festa loca, quæcumque adventu hospitioque dignatur. Non bella ineunt [5], non arma sumunt, clausum omne ferrum ; pax et quies tunc tantum nota, tunc tantum amata, donec idem sacerdos satiatam conversatione mortalium deam

---

XL. La gloire des Lombards, au contraire, est dans leur petit nombre. Environnés de nations nombreuses et puissantes, ce n'est pas dans la soumission, mais dans les combats et les périls qu'ils trouvent leur sûreté. Viennent ensuite les Reudignes, les Aviones, les Angles, les Varins, les Eudoses, les Suardones et les Nuithones, tous défendus par des fleuves ou des forêts; tous ces peuples n'offrent rien de remarquable, si ce n'est qu'ils adorent tous la déesse Hertha, qui est la Terre ; ils croient qu'elle intervient dans les affaires des mortels, qu'elle visite les nations. Il y a, dans une île de l'Océan, un bois religieux ; dans ce bois, un char consacré, couvert d'un voile; le prêtre seul a le droit d'y toucher. Il sait le moment où la déesse se rend dans son sanctuaire, et aussitôt des génisses promènent le char, que le prêtre suit dans un respect profond. C'est alors un temps de réjouissances ; ce sont des fêtes dans tous les lieux que la déesse honore de sa présence. Ils ne vont point à la guerre; ils ne prennent point les armes; toute arme est renfermée. C'est le seul moment où ils connaissent et où ils aiment la paix et le repos : enfin, lorsque la déesse est rassasiée du commerce des mor-

XL. Contra paucitas nobilitat Longobardos, quod cincti nationibus plurimis ac valentissimis, sunt tuti non per obsequium, sed prœliis et periclitando. Deinde Reudigni, et Aviones, et Angli, et Varini, et Eudoses, et Suardones, et Nuithones, muniuntur fluminibus aut silvis : nec quidquam notabile in singulis, nisi quod in commune colunt Hertham, id est Terram Matrem, arbitranturque eam intervenire rebus hominum, invehi populis. Est in insula Oceani nemus castum, inque eo vehiculum dicatum, contectum veste : concessum uni sacerdoti attingere. Is intelligit deam adesse penetrali, prosequiturque cum multa veneratione vectam bobus feminis. Tunc læti dies, festa loca, quæcunque dignatur adventu hospitioque. Non ineunt bella, non sumunt arma, omne ferrum clausum ; pax et quies nota tunc tantum, amata tunc tantum, donec idem sacerdos

XL. Au contraire le petit-nombre ennoblit les Lombards, parce qu'entourés de nations très-nombreuses et très-puissantes, ils sont en-sûreté non par soumission, mais par des combats et en courant-des-dangers. Ensuite les Reudignes, et les Aviones, et les Angles, et les Varins, et les Eudoses, et les Suardones, et les Nuithones, sont protégés par des fleuves ou des forêts : et rien de remarquable *n'est* dans chacun *d'eux*, si *ce n'est* qu'en général ils adorent Hertha, cela est (c'est-à-dire) la Terre Mère, et ils pensent elle intervenir dans les affaires des hommes, *et* être transportée chez les peuples. Il existe dans une île de l'Océan un bois saint, et dans ce *bois* un char consacré, couvert d'une étoffe : *il est* accordé au seul prêtre d'y toucher. Celui-là comprend la déesse être-dans le sanctuaire, et suit avec beaucoup de vénération [ses]. *elle* traînée par des bœufs femelles (génis- Alors heureux *sont* les jours, joyeux les lieux, qu'elle juge-dignes de *son* arrivée et de *son* hospitalité. Ils n'entreprennent pas de guerres, ne prennent pas les armes, tout fer est enfermé ; la paix et le repos *sont* connus alors seulement, *sont* aimés alors seulement, jusqu'à ce que le même prêtre

templo [1] reddat : mox vehiculum et vestes, et, si credere velis, numen ipsum secreto lacu abluitur. Servi ministrant, quos
statim idem lacus haurit. Arcanus hinc terror, sanctaque igno-
rantia, quid sit illud quod tantum perituri vident.

XLI. Et hæc quidem pars Suevorum in secretiora Germaniæ porrigitur. Proprior (ut quomodo paulo ante Rhenum, sic
nunc Danubium sequar) Hermundurorum civitas [2], fida Romanis, eoque solis Germanorum non in ripa commercium, sed
penitus, atque in splendidissima Rhætiæ provinciæ colonia [3] :
passim et sine custode transeunt; et quum ceteris gentibus
arma modo castraque nostra ostendamus, his domos villas-
que patefecimus, non concupiscentibus. In Hermunduris
Albis oritur, flumen inclytum et notum olim; nunc tantum
auditur.

tels, le même prêtre la ramène dans son temple; puis on lave dans
les eaux d'un lac solitaire le chariot, le voile, et, à les en croire,
la déesse elle-même. Les esclaves qui servent à cet office sont aussitôt noyés dans le lac; de là une terreur religieuse, et la sainte ignorance d'un mystère qu'on ne pénètre point sans périr.

XLI. Cette portion des Suèves s'étend vers la partie la plus recu-
lée de la Germanie. Plus près de nous (je vais suivre maintenant le
Danube, comme tout à l'heure j'ai suivi le Rhin), sont les Hermundures, nation attachée aux Romains; aussi leur permettons-nous le
commerce, non-seulement sur la rive, comme aux autres Germains,
mais jusque dans l'intérieur des terres, et jusqu'au sein de la colonie
la plus florissante de notre province de Rhétie. Ils passent librement
partout où ils veulent, et tandis que les autres nations ne voient de
nous que nos armes et nos camps, nous avons ouvert à ceux-ci nos
maisons de ville et de campagne, qu'ils ne nous envient pas. C'est au
pays des Hermundures que se trouve la source de l'Elbe, grand
fleuve que nous connaissions jadis par nous-mêmes, et que nous ne
connaissons plus que par ouï-dire.

reddat templo	rende à *son* temple
deam satiatam	la déesse rassasiée
conversatione mortalium :	de la société des mortels :
mox vehiculum et vestes ,	puis le char et les étoffes ,
et , si velis credere ,	et , si vous voulez *y* croire ,
numen ipsum	la divinité elle-même
abluitur lacu secreto	est baignée dans un lac solitaire.
Servi ministrant ,	Des esclaves servent (sont employés),
quos statim	lesquels aussitôt
idem lacus haurit.	le même lac engloutit.
Hinc terror arcanus ,	De là une terreur secrète ,
sanctaque ignorantia	et une sainte ignorance
quid sit illud	*de savoir* ce qu'est ce *mystère*
quod tantum perituri	que seulement des *gens* qui-vont-périr
vident.	voient.
XLI. Et hæc quidem pars	XLI. Et certes cette partie
Suevorum	des Suèves
porrigitur in secretiora	s'étend dans *des contrées* plus reculées
Germaniæ.	de la Germanie.
Propior	Plus proche *de nous*
(ut sequar nunc Danubium,	(afin que je suive maintenant le Danube,
sic quomodo Rhenum)	de même que *j'ai suivi* le Rhin
paulo ante)	un-peu auparavant)
civitas Hermundurorum ,	*est* la cité des Hermundures,
fida Romanis ,	fidèle aux Romains
eoque commercium	et pour cela le commerce *est permis*
solis Germanorum	à *eux* seuls d'entre les Germains
non in ripa ,	non sur la rive *seulement*, [colonie
sed penitus atque in colonia	mais profondément (au centre) et dans la
splendidissima	la plus florissante
provinciæ Rhætiæ :	de la province de Rhétie :
transeunt passim	ils passent partout
et sine custode ;	et sans garde ;
et quum ostendamus	et tandis que nous montrons
ceteris gentibus	aux autres nations
modo nostra arma	seulement nos armes
castraque ,	et *nos* camps ,
patefecimus	nous avons ouvert (ouvrons)
domos	*nos* maisons-de-ville
villasque	et *nos* maisons-de-campagne
his non concupiscentibus.	à eux qui ne *les* envient pas.
In Hermunduris	*C'est* chez les Hermundures
Albis oritur ,	*que* l'Elbe prend-sa-source,
flumen inclytum	fleuve célèbre
et notum olim ,	et connu *par nos armées* jadis ;
nunc	maintenant
auditur tantum.	il *nous* est connu-par-ouï-dire seulement

XLII. Juxta Hermunduros Narisci ac deinde Marcomanni et Quadi[1] agunt. Præcipua Marcomannorum gloria viresque, atque ipsa etiam sedes, pulsis olim Boiis, virtute parta. Nec Narisci Quadive degenerant. Eaque Germaniæ velut frons est, quatenus Danubio pergitur. Marcomannis Quadisque usque ad nostram memoriam reges manserunt ex gente ipsorum, nobile Marobodui et Tudri genus[2] : jam et externos patiuntur. Sed vis et potentia regibus ex auctoritate Romana : raro armis nostris, sæpius pecunia juvantur ; nec minus valent.

XLIII. Retro Marsigni, Gothini, Osi, Burii[3], terga Marcomannorum Quadorumque claudunt, e quibus Marsigni et Burii sermone cultuque Suevos referunt. Gothinos Gallica, Osos Pannonica lingua coarguit non esse Germanos, et quod tributa

XLII. A côté des Hermundures sont les Narisques, et ensuite les Marcomans et les Quades. Les Marcomans sont céux qui ont le plus de gloire et de puissance ; il n'y a pas jusqu'à la contrée qu'ils occupent et dont ils ont chassé autrefois les Boïes, qui ne soit un monument de leur valeur. Les Quades et les Narisques ne sont pas indignes d'eux. Tous ces peuples forment, pour ainsi dire, le front de la Germanie, du côté du Danube. Les Marcomans et les Quades ont eu, jusqu'à nos jours, des rois de leur nation ; c'étaient les nobles descendants de Maroboduus et de Tudér : maintenant ils souffrent jusqu'à des étrangers. Mais la force et la puissance de ces rois tient à l'influence du nom romain. Nous les aidons rarement de nos armes, plus souvent de notre argent, et ils n'en sont pas moins puissants.

XLIII. En arrière, les Marsignes, les Gothins, les Oses, les Buriens, viennent former la limite des Marcomans et des Quades. Les Narsignes et les Buriens rappellent les Suèves par le langage et la coiffure. Le gaulois que parlent les Gothins, le pannonien que parlent les Oses, surtout la résignation avec laquelle ils supportent des tributs, prouvent qu'ils ne sont pas Germains ; une partie de ces tributs

XLII. Juxta
Hermunduros
agunt Narisci
ac deinde Marcomanni
et Quadi.
Præcipua gloria viresque
Marcomannorum,
atque sedes ipsa etiam
parta virtute,
Boiis pulsis olim.
Nec Narisci Quadive
degenerant.
Eaque est velut frons
Germaniæ,
quatenus pergitur
Danubio.
Reges manserunt
usque ad
nostram memoriam
Marcomannis Quadisque,
ex gente ipsorum,
genus nobile
Marobodui et Tudri :
jam patiuntur et
externos.
Sed vis et potentia
regibus
ex auctoritate Romana :
juvantur raro
nostris armis,
sæpius pecunia ;
nec valent minus.
XLIII. Retro Marsigni,
Gothini,
Osi, Burii,
claudunt terga
Marcomannorum
Quadorumque,
e quibus Marsigni et Burii
referunt Suevos
sermone cultuque.
Lingua Gallica
coarguit Gothinos,
Pannonica
Osos
non esse Germanos,
et quod patiuntur tributa :

XLII. Près
des Hermundures
vivent les Narisques
et ensuite les Marcomans
et les Quades.
La principale gloire et puissance
est des (appartient aux) Marcomans,
et le pays même aussi *qu'ils occupent*
a été acquis par *leur* courage,
les Boïes *en* ayant été chassés jadis.
Et ni les Narisques ou (ni) les Quades
ne *leur* sont-inférieurs.
Et c'est comme le front
de la Germanie,
en tant qu'on s'avance
par le Danube.
Des rois restèrent
jusqu'à
notre souvenir (temps)
aux Marcomans et aux Quades,
rois tirés de la nation d'eux-mêmes,
c'était la race noble
de Maroboduus et de Tuder :
maintenant ils souffrent aussi
des étrangers.
Mais la force et la puissance
est à *ces* rois
d'après l'influence romaine :
ils sont aidés rarement
de nos armes,
plus souvent de *notre* argent ;
et ils n'*en* sont pas moins puissants.
XLIII. En arrière les Marsignes,
les Gothins,
les Oses, les Buriens,
ferment le dos (forment la limite)
des Marcomans
et des Quades,
desquels les Marsignes et les Buriens
rappellent les Suèves
par le langage et la coiffure.
La langue gauloise
accuse les Gothins,
la *langue* pannonienne
accuse les Oses
de n'être pas Germains,
et *ceci*, qu'ils souffrent des tributs ₁

patiuntur : partem tributorum Sarmatæ, partem Quadi, ut
alienigenis, imponunt. Gothini, quo magis pudeat, et ferrum
effodiunt [1] : omnesque hi populi pauca campestrium, ceterum
saltus et vertices montium jugumque insederunt. Dirimit enim
scinditque Sueviam continuum montium jugum, ultra quod
plurimæ gentes agunt : ex quibus latissime patet Lygiorum
nomen[2], in plures civitates diffusum. Valentissimas nominasse
sufficiet, Arios, Helveconas, Manimos, Elysios, Naharvalos.
Apud Naharvalos antiquæ religionis lucus ostenditur. Præsi-
det sacerdos muliebri ornatu ; sed deos, interpretatione Romana, Castorem Pollucemque memorant. Ea vis numini :
nomen Alcis : nulla simulacra, nullum peregrinæ superstitionis vestigium : ut fratres tamen, ut juvenes venerantur.

leur est imposée par les Sarmates, une partie par les Quades, qui les
traitent comme des étrangers. Les Gothins, pour surcroît de honte,
tirent le fer des mines ; à l'exception de quelques plaines, tout le ter-
ritoire de ces peuples se borne à des forêts, sur la cime et sur le penchant
des montagnes. Car la région des Suèves est séparée et coupée en
deux par une chaîne de montagnes continues, au delà desquelles habitent plusieurs nations, répandues au loin sous le nom commun de
Lygiens, qui comprend beaucoup de peuples. Il suffit de nommer les
principaux, les Aries, les Helvécones, les Manimes, les Élysiens, les Naharvales. Chez les Naharvales, on montre un bois consacré par une
ancienne superstition. Le prêtre y est habillé en femme ; les Romains
veulent que les dieux qu'on y adore soient Castor et Pollux ; ce sont du
moins leurs attributs, leur nom est Alci ; point de statues, point de
preuves d'un culte étranger ; toutefois ils les supposent, comme nous,
tous deux frères, tous deux jeunes. Les Aries, déjà supérieurs en forces

Sarmatæ	les Sarmates
imponunt partem	*leur* imposent une partie
tributorum,	de *ces* tributs,
Quadi partem,	les Quades une partie,
ut alienigenis.	comme à des étrangers.
Gothini,	Les Gothins
quo pudeat magis,	pour que honte-soit *à eux* davantage,
effodiunt et ferrum :	déterrent (tirent des mines) même du fer :
omnesque hi populi	et tous ces peuples
insederunt	ont occupé (occupent)
pauca campestrium,	peu *d'endroits* de plaines,
ceterum saltus	*mais* en général des défilés
et vertices montium	et les sommets des montagnes
jugumque.	et *leur* penchant.
Jugum enim continuum	En effet une chaîne continue
montium	de montagnes
dirimit	partage
scinditque Sueviam,	et coupe-en-deux la Suévie,
ultra quod	au delà de laquelle *chaîne*
plurimæ nationes agunt :	de très-nombreuses nations vivent :
ex quibus	entre lesquelles
nomen Lygiorum,	le nom des Lygiens,
diffusum	divisé
in plurimas civitates,	en de très-nombreuses cités
patet latissime.	est répandu très-loin.
Sufficiet	Il suffira
nominasse valentissimas,	d'avoir nommé les plus puissantes,
Arios, Helveconas,	les Ariens, les Helvécones,
Manimos,	les Manimes,
Elysios, Naharvalos.	les Elysiens, les Naharvales.
Apud Naharvalos	Chez les Naharvales
lucus antiquæ religionis	un bois d'une ancienne religion
ostenditur.	est montré.
Sacerdos præsidet	Le prêtre préside
ornatu muliebri ;	en habits de-femme ;
sed memorant,	mais on dit,
interpretatione Romana,	par une interprétation romaine,
deos Castorem	les dieux *être* Castor
Pollucemque.	et Pollux.
Ea vis-numini :	Cet (le même) attribut est à *leur* divinité :
nomen Alcis :	le nom *à eux est* Alci :
nulla simulacra,	point de statues,
nullum vestigium	aucune marque
superstitionis peregrinæ ;	d'une religion étrangère ;
venerantur tamen	on *les* adore pourtant
ut fratres, ut juvenes.	comme frères, comme jeunes-gens.
Ceterum Arii,	D'autre part les Aries,

Ceterum Arii, super vires, quibus enumeratos paulo ante populos antecedunt, truces, insitæ feritati arte ac tempore le-
nocinantur : nigra scuta, tincta corpora; atras ad prœlia noctes
legunt : ipsaque formidine atque umbra feralis exercitus terrorem inferunt, nullo hostium sustinente novum ac velut in-
fernum adspectum; nam primi in omnibus prœliis oculi vin-
cuntur. Trans Lygios Gothones[1] regnantur[2] paulo jam adductius[3] quam ceteræ Germanorum gentes, nondum tamen supra
libertatem. Protenus deinde ab Oceano Rugii et Lemovii[4];
omniumque harum gentium insigne, rotunda scuta, breves
gladii, et erga reges obsequium.

XLIV. Suionum hinc civitates[5], ipso in Oceano, præter viros
armaque, classibus valent : forma navium eo differt, quod
utrinque prora paratam semper appulsui frontem agit; nec
velis ministrantur, nec remos in ordinem lateribus adjungunt.

aux peuples que je viens de nommer, empruntent encore le secours
de l'art et du temps, pour rehausser leur visage naturellement farou-
che et terrible. Ils peignent en noir leurs boucliers et leurs corps. Ils
choisissent des nuits obscures pour combattre. L'horreur seule et le
sombre aspect de cette armée funèbre suffisent pour inspirer la
crainte; point d'ennemi qui résiste à ce spectacle étrange et pour
ainsi dire infernal; car dans tous les combats, les yeux sont la première chose qui se laisse vaincre. Au delà des Lygiens sont les
Gothons, dont les rois ont déjà un peu plus d'influence que dans
le reste de la Germanie, sans préjudice encore de la liberté. Immédiatement ensuite, tout près de l'Océan, se trouvent les Rugiens
et les Lémoves. Ce qui distingue ces nations, ce sont les boucliers
ronds, les glaives courts et le respect pour les rois.

XLIV. Plus loin, au sein même de l'Océan, habitent les Suiones,
nation qui, indépendamment de ses forces de terre, est puissante
par ses flottes. La forme de leurs vaisseaux diffère en ce qu'ils ont
deux proues, ce qui facilite la descente en tout sens, en ce qu'ils ne
vont point à la voile, et que les rames ne sont point disposées par
rangs et engagées dans les flancs du navire. On les place et on les

super vires	outre les forces
quibus antecedunt populos	par lesquelles ils surpassent les peuples
enumeratos paulo ante,	énumérés un peu auparavant,
truces lenocinantur	farouches ajoutent
arte ac tempore	par l'art et le temps
feritati insitæ :	à *leur* aspect-sauvage inné (naturel) :
scuta nigra,	*leurs* boucliers *sont* noirs,
corpora tincta ;	*leurs* corps *sont* peints *en noir ;*
legunt noctes atras	ils choisissent des nuits noires
ad prœlia :	pour les combats :
inferuntque terrorem	et ils portent la terreur
formidine ipsa	par l'aspect-effrayant même
atque umbra	et l'ombre
feralis exercitus,	de (qui enveloppe) *cette* lugubre armée,
nullo hostium	aucun des ennemis
sustinente adspectum	ne bravant *cet* aspect
novum	nouveau
ac velut infernum ;	et en-quelque-sorte infernal ;
nam in omnibus prœliis	car dans tous les combats
oculi vincuntur primi.	les yeux sont vaincus les premiers.
Trans Lygios	Au delà des Lygiens
Gothones regnantur	les Gothons sont-soumis-à-des-rois
jam paulo adductius	déjà un peu plus durement
quam ceteræ civitates	que toutes-les-autres cités
Germanorum,	des Germains,
nondum tamen	pas-encore cependant
supra libertatem.	au-dessus de la liberté.
Deinde protenus ab Oceano	Ensuite tout-près de l'Océan
Rugii et Lemovii ;	*sont* les Rugiens et les Lémoves ;
insigneque	et la marque-distinctive
omnium harum gentium,	de toutes ces nations,
scuta rotunda,	*ce sont* des boucliers ronds,
gladii breves,	des glaives courts,
et obsequium erga reges.	et le respect pour les rois.
XLIV. Hinc civitates	XLIV. De là (ensuite) les cités
Suionum,	des Suiones,
in Oceano ipso,	dans l'Océan même,
valent classibus	sont-puissantes par *leurs* flottes
præter viros armaque :	outre les guerriers et les armes :
forma navium differt	la forme de *leurs* navires est-différente
eo quod utrinque	en cela que des deux côtés
prora agit frontem	une proue avance *son* front
semper paratam appulsui ;	toujours prêt à l'abordage ;
nec ministrant velis	et ils ne se servent pas de voiles
nec adjungunt remos	et ils ne joignent pas les rames
in ordinem	en rang
lateribus.	aux côtés *du navire.*

Solutum, ut in quibusdam fluminum, et mutabile, ut res poscit, hinc vel illinc remigium. Est apud illos et opibus honos : eoque unus imperitat, nullis jam exceptionibus, non precario jure parendi. Nec arma, ut apud ceteros Germanos, in promiscuo, sed clausa sub custode, et quidem servo, quia subitos hostium incursus prohibet Oceanus ; otiosæ porro armatorum manus facile lasciviunt : enimvero neque nobilem, neque ingenuum, ne libertinum quidem armis præponere regia utilitas est.

XLV. Trans Suionas aliud mare[1], pigrum ac prope immotum, quo cingi cludique terrarum orbem hinc fides, quod extremus cadentis jam solis fulgor in ortus edurat, adeo clarus ut sidera hebetet[2]. Sonum insuper se mergentis[3] audiri, formasque equorum et radios capitis adspici persuasio adjicit. Illuc usque (et fama vera) tantum natura. Ergo jam dextro

déplace à volonté, selon que le besoin l'exige, comme cela se voit sur quelques-unes de nos rivières. Les richesses sont aussi en honneur chez les Suiones ; voilà pourquoi ils sont soumis à un maître, et déjà sans la moindre restriction, sans pouvoir se dispenser de l'obligation d'obéir. Les armes ne sont point, comme chez le reste des Germains, indistinctement entre les mains de tous, mais renfermées sous la garde d'un seul homme, qui même est un esclave, l'Océan les mettant à l'abri de toute surprise. Au reste, des armes sont dangereuses entre les mains d'une multitude oisive, et en donner la garde à un noble, à un homme libre, à un affranchi même, ne serait pas entendre les intérêts de la royauté.

XLV. Au delà des Suiones s'étend une autre mer, dormante, presque immobile, et qui forme la ceinture et la borne du globe. On en juge ainsi sur ce que la clarté du soleil, à son couchant, se prolonge jusqu'à son lever, avec un éclat qui fait pâlir les étoiles. La crédulité ajoute qu'on entend le bruit qu'il fait en se plongeant dans l'onde, qu'on voit la forme de ses chevaux et les rayons de sa tête. Ce qui est plus vrai, c'est que la nature finit là. En revenant donc, on trouve

Remigium solutum,	L'ensemble-des-rames *est* libre,
ut in quibusdam fluminum,	comme sur certains de *nos* fleuves,
et mutabile hinc vel illinc,	et mobile d'un côté ou d'un autre,
ut res poscit.	selon que le besoin *le* demande.
Honos est apud illos	La considération est chez eux
et opibus :	aussi pour les richesses :
eoque unus imperitat,	et pour cela un seul commande,
exceptionibus jam nullis,	les restrictions *étant* déjà nulles,
jure parendi	le droit d'obéir (de se faire obéir)
non precario.	n'*étant* pas précaire.
Nec arma	Et les armes ne *sont* pas
in promiscuo,	en commun (à la portée de tous),
ut apud ceteros Germanos,	comme chez tous-les-autres Germains,
sed clausa sub custode,	mais enfermées sous un gardien,
et quidem servo,	et *c'est* même un esclave,
quia Oceanus	parce que l'Océan
prohibet incursus subitos	empêche les incursions soudaines
hostium ;	des ennemis ;
porro manus otiosæ	d'ailleurs les mains oisives
armatorum	de *gens* armés
lasciviunt facile :	se portent-au-désordre aisément
enimvero præponere armis	or *ne* préposer à *ces* armes
neque nobilem,	ni un noble,
neque ingenuum,	ni un homme-libre,
ne libertinum quidem,	pas même un affranchi,
est utilitas regia.	est un intérêt de-roi.
XLV. Trans Suionas	XLV. Au delà des Suiones
aliud mare,	*est* une autre mer,
pigrum ac prope immotum,	paresseuse et presque immobile,
quo fides	par laquelle la croyance *est* (on croit)
orbem terrarum	le cercle des terres (l'univers)
cingi cludique,	être entouré et être fermé,
hinc quod extremus fulgor	de là que (parce que) le dernier éclat
solis jam cadentis	du soleil bientôt tombant (se couchant)
edurat in ortus,	dure jusqu'à *son* lever,
adeo clarus	tellement brillant
ut hebetet sidera.	qu'il émousse (efface) les astres.
Persuasio adjicit	La crédulité ajoute
sonum se mergentis	le bruit de *lui* se plongeant *dans la mer*
insuper audiri,	en outre être entendu,
formasque equorum	et les formes de *ses* chevaux
et radios capitis	et les rayons de *sa* tête
adspici.	être aperçus.
Natura tantum	La nature seulement
(et fama vera)	(et la renommée *est* vraie *sur ce point*)
usque illuc	*va* jusque là (finit là).
Ergo jam	Donc en-revenant

Suevici maris littore Æstyorum gentes[1] alluuntur : quibus ritus
habitusque Suevorum , lingua Britannicæ propior. Matrem
deum[2] venerantur : insigne superstitionis , formas aprorum
gestant : id pro armis omnique tutela; securum deæ cultorem
etiam inter hostes præstat. Rarus ferri, frequens fustium usus.
Frumenta ceterosque fructus patientius quam pro solita Germanorum inertia laborant. Sed et mare scrutantur, ac soli
omnium succinum, quod ipsi *glesum*[3] vocant, inter vada atque
in ipso littore legunt. Nec quæ natura quæve ratio gignat, ut
barbaris, quæsitum compertumve. Diu quin etiam inter cetera
ejectamenta maris jacebat, donec luxuria nostra dedit nomen;
ipsis in nullo usu : rude legitur, informe perfertur, pretiumque
mirantes accipiunt. Succum tamen arborum esse intelligas,
quia terrena quædam atque etiam volucria animalia plerum-

sur la côte orientale de la mer Suévique les nations des Estyens
qui la bordent. Leur habillement et leurs usages sont ceux des
Suèves ; leur langue se rapproche de celle des Bretons. Ils honorent
la mère des Dieux; la marque de cette religion, ce sont des images
de sangliers qu'ils portent à la main. C'est là leur arme, et leur unique défense; avec ce signe, un adorateur de la déesse marche sans
rien craindre au milieu même des ennemis. Ils connaissent peu le
fer, leurs armes ordinaires sont des bâtons. Ils cultivent le blé et les
autres grains avec plus de soin qu'on ne l'attendrait de la paresse
ordinaire aux Germains. Ils vont même jusqu'à fouiller la mer, et,
seuls de tous les Germains, ils recueillent le succin qu'ils nomment
gless ; ils le trouvent au milieu des bas-fonds, quelquefois aussi sur
le rivage. On ignore sa nature et ce qui le produit; des barbares ne
se sont pas mis en peine de le savoir. Il était même resté longtemps
confondu avec les autres matières que la mer rejette, lorsque notre
luxe est venu lui donner de la réputation. Pour eux, ils n'en font
aucun usage; ils le recueillent brut, nous l'apportent sans prépara-
tion, et sont tout étonnés du prix qu'ils en reçoivent. Ce qui ferait
croire qu'il provient du suc des arbres, c'est que, le plus souvent, sa
transparence laisse apercevoir quelques animaux terrestres, et jusqu'à

gentes Æstyorum	les nations des Æstyens
alluuntur littore dextro	sont baignées par le rivage de-droite
maris Suevici :	de la mer Suévique :
quibus ritus habitusque	auxquels les usages et les habillements
Suevorum,	*sont ceux* des Suèves,
lingua propior	la langue *est* plus proche
Britanniæ.	de la Bretagne (langue britannique).
Venerantur matrem deum :	Ils honorent la mère des dieux :
gestant formas aprorum,	ils portent des images de sangliers,
insigne superstitionis :	marque de *cette* religion :
id pro armis	cela *est* pour des (tient lieu d') armes
omnique tutela;	et *pour* (de) toute défense;
præstat cultorem deæ	*cela* rend l'adorateur de la déesse
securum etiam inter hostes.	tranquille même au milieu des ennemis.
Usus ferri rarus,	L'usage du fer *est* rare,
fustium frequens.	*celui* des bâtons *est* fréquent.
Laborant frumenta	Ils travaillent les blés
ceterosque fructus	et les autres grains
patientius	plus patiemment (soigneusement)
quam pro inertia solita	qu'en-égard-à la paresse accoutumée
Germanorum.	des Germains.
Sed et scrutantur mare,	Et même ils fouillent la mer,
ac soli omnium	et seuls de tous
legunt inter vada	ils cueillent au milieu des bas-fonds
atque in littore ipso	et sur le rivage lui-même
succinum,	le succin,
quod ipsi vocant glesum.	qu'eux-mêmes appellent gless.
Nec quæsitum	Et *il* n'*a* pas *été* recherché
compertumve,	ou découvert *par eux*,
ut barbaris,	vu qu'*ils sont* barbares,
quæ natura	quelle *est* sa nature ;
quæve ratio gignat.	ou quelle loi *le* produit.
Quin etiam jacebat diu	Bien plus il gisait depuis-longtemps
inter cetera ejectamenta	parmi les autres substances-rejetées
maris,	de la mer,
donec nostra luxuria	jusqu'à ce que notre luxe
dedit nomen :	*lui* donna un nom (de la valeur) :
in nullo usu ipsis :	*il n'est* dans (d') aucun usage pour eux :
legitur rude,	il est recueilli brut,
perfertur informe,	il est transporté sans-préparation,
accipiuntque pretium	et ils *en* reçoivent le prix
mirantes.	en s'étonnant.
Tamen intelligas	Cependant vous pourriez-comprendre
esse succum arborum,	*le succin* être un suc d'arbres,
quia quædam animalia	parce-que quelques animaux
terrena	terrestres
atque etiam volucria	et même ailés

LA GERMANIE.   5

que interlucent, quæ implicata humore, mox durescente materia, cluduntur. Fecundiora igitur nemora lucosque, sicut
Orientis secretis, ubi tura balsamaque sudantur, ita Occi-
dentis insulis terrisque inesse crediderim, quæ, vicini solis
radiis expressa atque liquentia, in proximum mare labuntur,
ac vi tempestatum in adversa littora exundant. Si naturam
succini admoto igne tentes, in modum tædæ accenditur, alit-
que flammam pinguem et olentem; mox ut in picem resi-
namve lentescit.

Suionibus Sitonum gentes [1] continuantur. Cetera similes,
uno differunt, quod femina dominatur : in tantum non modo
a libertate, sed etiam a servitute degenerant. Hic Sueviæ finis.

XLVI. Peucinorum, Venedorumque et Fennorum nationes [2]
Germanis an Sarmatis adscribam, dubito ; quanquam Peucini,
quos quidam Bastarnas vocant, sermone, cultu, sede ac do-

---

des insectes ailés, qui, s'embarrassant dans cette gomme, quand elle est
fluide, y restent enfermés quand elle vient à se durcir. J'imagine-
rais donc qu'il existe en Occident des terres et des îles, comme
celles de l'Orient, dans lesquelles se distillent le baume et l'encens ;
qu'elles produisent des forêts et des arbres plus féconds ; que le soleil,
les échauffant de plus près, en exprime une liqueur qui tombe dans
la mer, d'où les vagues la portent sur le rivage opposé. Lorsque,
pour éprouver le succin, on l'approche du feu, il s'allume comme
un flambeau, et produit une flamme huileuse et aromatique; puis il
se fige comme la poix ou la résine.

Les Sitons touchent immédiatement les Suiones. Ils leur ressem-
blent en tout, sauf qu'ils obéissent à une femme, tant ils sont tombés
au-dessous non-seulement de la liberté, mais même de la servitude.
Là finit la Suévie.

XLVI. Quant aux Peucins, aux Vénètes et aux Fennes, je ne
sais si je dois les regarder comme Germains ou comme Sarmates.
Cependant les Peucins, que quelques-uns nomment Bastarnes, tien-

interlucent plerumque,	brillent-à-travers souvent,
quæ implicata humore,	lesquels étant pris par *cette* gomme,
mox cluduntur	bientôt sont enfermés
materia durescente.	par la matière se durcissant.
Crediderim igitur	Je croirais donc
nemora fecundiora	des bois plus féconds
lucosque	et des forêts-sacrées
inesse ita insulis	être de même dans les îles
terrisque Occidentis,	et les terres de l'Occident,
sicut secretis Orientis,	comme dans les retraites de l'Orient,
ubi tura balsamaque	où l'encens et le baume
sudantur,	découlent *des arbres*,
quæ,	lesquels,
expressa atque liquentia	exprimés et rendus-liquides
radiis solis vicini,	par les rayons du soleil voisin,
labuntur	tombent
in mare proximum	dans la mer la plus proche
et exundant	et débordent
iu littora adversa	sur les rivages opposés
vi tempestatum.	par la violence des tempêtes.
Si tentes naturam succini	Si vous éprouvez la nature du succin
igne admoto,	par du feu approché,
accenditur	il s'enflamme
in modum tædæ,	à la manière d'une torche,
alitque flammam	et nourrit une flamme
pinguem et olentem ;	grasse et aromatique ;
mox lentescit	bientôt il se fige
ut in picem resinamve.	comme en poix ou en résine.
Gentes Sitonum	Les nations des Sitons
continuantur Suionibus.	confinent aux Suiones.
Similes cetera,	Semblables *aux autres Germains* du reste,
differunt uno,	ils *en* diffèrent par un *point*,
quod femina dominatur :	*c'est* qu'une femme *les* gouverne :
in tantum	jusqu'à un tel *point*
degenerant	ils sont-tombés-au-dessous
non modo a libertate,	non-seulement de la liberté,
sed etiam a servitute.	mais même de la servitude.
Hic finis Sueviæ.	Là *est* la fin de la Suévie.
XLVI. Dubito	XLVI. J'hésite
adscribam	si j'inscrirai
Germanis an Sarmatis	parmi les Germains ou les Sarmates
nationes Peucinorum	les nations des Peucins
Venedorumque	et des Venètes
et Fennorum ;	et des Fennes ;
quanquam Peucini,	toutefois les Peucins,
quos	lesquels
quidam vocant Bastarnas,	quelques-uns appellent Bastarnes,

miciliis, ut Germani agunt : sordes omnium ac torpor ; procerum connubiis mixtis, nonnihil in Sarmatarum habitum fœdantur. Venedi multum ex moribus traxerunt. Nam quidquid inter Peucinos Fennosque silvarum ac montium erigitur, latrociniis pererrant : hi tamen inter Germanos potius referuntur, quia et domos fingunt, et scuta gestant, et pedum usu ac pernicitate gaudent ; quæ omnia diversa Sarmatis sunt, in plaustro equoque viventibus. Fennis mira feritas, fœda paupertas : non arma, non equi, non penates ; victui herba, vestitui pelles, cubili humus ; sola in sagittis spes, quas, inopia ferri, ossibus asperant. Idemque venatus viros pariter ac feminas alit : passim enim comitantur, partemque prædæ petunt. Nec aliud infantibus ferarum imbriumque suffugium, quam ut in aliquo ramorum nexu contegantur : huc redeunt juvenes, hoc senum

nent des Germains par la langue, l'habillement et les habitations fixes. Leur saleté et leur paresse sont générales; les principaux, en mêlant leur sang avec celui des Sarmates, ont pris quelque chose de leur extérieur hideux. Les Vénètes se sont approprié bon nombre de leurs usages. En effet, dans tout cet intervalle de forêts et de montagnes, qui s'élèvent entre les Peucins et les Fennes, on les retrouve, comme les Sarmates, errant et pillant sans cesse. Cependant, on les range plutôt parmi les peuples Germains, parce qu'ils bâtissent, ont des boucliers, et se plaisent à exercer leur agilité, toutes choses en quoi ils diffèrent des Sarmates, qui passent leur vie dans un chariot ou à cheval. L'état de barbarie et de pauvreté dans lequel vivent les Fennes est inconcevable : ni armes, ni chevaux, ni maisons; ils ont de l'herbe pour toute nourriture, des peaux pour vêtements, pour lit la terre. Toutes leurs ressources sont dans leurs flèches, qu'à défaut de fer ils arment d'os pointus. Les femmes subsistent de la chasse ainsi que les hommes; elles les accompagnent toujours et partagent la proie. Les enfants n'ont pas d'autre refuge contre la pluie et contre les bêtes féroces, que des branches d'arbres entrelacées sous lesquelles on les cache. C'est là que reviennent les

agunt ut Germani,	vivent comme les Germains,
sermone, cultu,	par le langage, l'habillement,
sede ac domiciliis :	le séjour et les habitations :
sordes ac torpor	la saleté et l'inertie
omnium ;	*est* de tous (générale) ;
connubiis procerum	les alliances des grands
mixtis,	étant mêlées,
fœdantur nonnihil	ils sont souillés (ont pris) quelque-peu
in habitum Sarmatorum.	vers (de) l'extérieur des Sarmates.
Venedi traxerunt multum	Les Vénètes ont attiré *à eux* beaucoup
ex moribus.	des mœurs *des Sarmates.*
Nam pererrant	En effet ils parcourent
latrociniis	avec des brigandages
quidquid erigitur	tout-ce-qui s'élève
silvarum ac montium	de forêts et de montagnes
inter Peucinos Fennosque :	entre les Peucins et les Fennes :
hi tamen	ceux-ci pourtant
referuntur potius	sont rapportés plutôt
inter Germanos,	parmi les Germains,
quia et fingunt domos,	parce que et ils bâtissent des maisons,
et gestant scuta,	et ils portent des boucliers,
et gaudent usu	et ils aiment l'usage (l'exercice)
ac pernicitate pedum,	et la vitesse des pieds,
omnia	toutes *coutumes*
quæ sunt diversa Sarmatis,	qui sont différentes des Sarmates,
viventibus in plaustro	vivant en chariot
equoque.	et à cheval.
Feritas mira Fennis,	Une barbarie étonnante *est* aux Fennes,
paupertas fœda :	*ainsi qu'*une pauvreté repoussante :
non arma,	*ils n'ont* pas d'armes,
non equi, non penates :	pas de chevaux, pas de pénates ;
herba victui,	de l'herbe pour nourriture,
pelles vestitui,	des peaux pour vêtements,
humus cubili ;	la terre pour lit ;
sola spes in sagittis,	*leur* seul espoir est dans *leurs* flèches,
quas asperant ossibus,	qu'ils rendent-pointues avec des os,
inopia ferri.	par manque de fer.
Idemque venatus alit viros	Et la même chasse nourrit les hommes
pariter ac feminas ;	également et les femmes ;
comitantur enim passim,	elles *les* accompagnent en effet partout,
petuntque partem prædæ.	et demandent *leur* part du butin.
Nec aliud suffugium	Et il n'*est* pas d'autre refuge
ferarum imbriumque	contre les bêtes féroces et les pluies
infantibus,	aux enfants,
quam ut contegantur	que *ceci,* qu'ils soient cachés
in aliquo nexu ramorum :	dans quelque entrelacement de branches :
juvenes redeunt huc,	les jeunes gens reviennent là,

receptaculum. Sed id beatius arbitrantur quam ingemere agris, illaborare domibus, suas alienasque fortunas spe metuque versare. Securi adversus homines, securi adversus deos, rem difficillimam assecuti sunt, ut illis ne voto quidem opus sit. Cetera jam fabulosa : Hellusios et Oxionas ora hominum vultusque, corpora atque artus ferarum gerere ; quod ego, ut incompertum, in medium relinquam.

jeunes gens, que se retirent les vieillards. Mais ils trouvent cette existence plus douce que de consumer sa vie à cultiver, à bâtir, à trembler pour son bien, à convoiter celui d'autrui. Ne redoutant rien des dieux, rien des hommes, ils en sont venus à ce point si difficile de n'avoir pas même besoin de désirer. Le reste devient fabuleux : on dit, par exemple, que les Hellusiens et les Oxiones ont la tête et la face d'un homme, le corps et les membres d'une bête. Comme il n'y a rien de certain sur ces peuples, je n'en parlerai point.

hoc receptaculum senum.
Sed arbitrantur id beatius
quam ingemere agris,
illaborare domibus,
versare suas fortunas
alienasque spe
metuque.
Securi adversus homines,
securi adversus deos,
assecuti sunt
rem difficillimam,
ut opus sit illis
ne voto quidem.
Cetera jam fabulosa :
Hellusios et Oxionas
gerere
ora vultusque hominum,
corpora
atque artus ferarum ;
quod ego
relinquam in medium,
ut incompertum.

c'*est* la retraite des vieillards.
Mais ils croient cela plus heureux
que de gémir-sur des champs,
de travailler pour des maisons,
de bouleverser leurs possessions
et celles d'-autrui par l'espoir d'*acquérir*
et par la crainte *de perdre*.
Sans-crainte à l'égard des hommes,
sans-crainte à l'égard des dieux,
ils ont obtenu
une chose très-difficile,
c'*est* que besoin *n*'est à eux
pas même d'un désir.
Le reste maintenant *est* fabuleux :
on dit les Hellusiens et les Oxiones
porter
des faces et des visages d'hommes,
des corps
et des membres de bêtes;
c'*est* ce que moi
je vais-laisser au milieu (en question),
comme non-éclairci.

NOTES.

Page 4 : 1. *Germania.* Les frontières de la Germanie étaient celles-ci : à l'ouest, le Rhin, qui la séparait des deux Germanies gauloises, supérieure et inférieure, dont Tacite ne s'occupe pas ici, et la limite romaine, qui allait rejoindre le Danube ; au sud, le Danube, jusqu'à l'angle droit qu'il forme vers l'Illyrie, lui servait de limite et bornait la Rhétie, le Norique et la Pannonie. A l'est les frontières devenaient plus vagues ; on peut les déterminer ainsi : le Marus, affluent du Danube, qui séparait les Quades des Sarmates Jazyges, une partie de la chaîne des Alpes Bastarnes (monts Krapacks) et le Viadrus (Oder). Au nord enfin, le golfe Codanus (la Baltique), et l'Océan septentrional. La Germanie comprenait donc la Scandinavie, peu connue à cette époque, le Danemarck, la Hollande, l'Allemagne propre, la Prusse, une partie de la Pologne et la moitié de l'Autriche actuelle.

— 2. *Nuper cognitis* fait allusion aux guerres du règne de Domitien, selon les uns, et, selon les autres, aux expéditions de Drusus et de Tibère, beau-fils d'Auguste. Cette dernière opinion est la plus vraisemblable.

— 3. *Abnoba,* aujourd'hui *Abenauer Gebirge,* montagne qui fait partie de la Forêt Noire.

Page 6 : 1. *Adversus Oceanus,* l'Océan que l'on remonte, de même que *adverso flumine navigare* signifie *remonter un fleuve.* Les anciens croyaient, en effet, que le lit de l'Océan, comme la terre, allait en s'élevant vers les pôles.

Page 8 : 1. *Ob metum,* sous-entendu *incutiendum.* Le nom de Germain (*wehr, mann*) signifie homme d'armes.

— 2. *Terrent enim,* etc. Les Germains tiraient un présage de la manière dont leur armée avait entonné le bardit : selon que ce présage leur paraissait plus ou moins favorable, ils prenaient courage ou se laissaient abattre.

— 3. *Fractum murmur.* Il ne faut pas entendre par ces mots un *murmure brisé,* c'est-à-dire *sourd, affaibli.* La voix du guerrier, en venant se briser contre son bouclier, est renvoyée avec plus d'éclat, devient plus sonore, de même que les vagues retentissent avec plus de fracas quand elles se brisent contre un rivage bordé de roches. Ainsi, dans Virgile, *Fracti sonitus tubarum* veut dire *le son éclatant de la trompette*.

Page 10 : 1. *Asciburgium*, Asburg, près de Mœrs, sur le Rhin, ou, selon Ernesti, Essemberg.

Page 12 : 1. *Improcera*. Tacite applique à la terre l'épithète qui devrait se rapporter plutôt au bétail.

— 2. *Armentis*, le gros bétail, les bœufs. *Gloria frontis*, la gloire, la parure de leur front, expression tout à fait poétique.

Page 14 : 1. *Serratos bigatosque*. Servius Tullius fit frapper la première monnaie de cuivre. On y gravait l'empreinte de quelque animal, d'où *pecunia* (Ovide, *Fastes*). La monnaie d'argent vint plus tard. Elle avait pour empreinte, le plus ordinairement, un char traîné par deux ou quatre chevaux, d'où on appelait les pièces *bigati et quadrigati* (*nummi*). *Serrati* veut dire une monnaie dont le cordon est dentelé; sur le revers on voyait la tête de Rome surmontée d'un casque.

Page 16 : 1. *Cassis*, casque de métal, et ordinairement de fer; *galea*, casque de peau, de cuir.

— 2. *Dextros agunt*, ils les font tourner à droite. L'adjectif *dextros* est mis pour l'adverbe *dextrorsum*.

— 3. *Id ipsum vocantur*, mot à mot ils sont appelés cela même; leur nom est tiré de leur nombre : on les appelle *les Cent*.

Page 18 : 1. *Reges..... sumunt*. Chez les Germains, la royauté n'était pas complétement héréditaire, mais il existait, dans chaque peuple, une famille où l'on choisissait ordinairement les rois. *Duces*, les chefs militaires qui commandaient les armées, lorsqu'un roi n'était pas propre à la guerre, ou qui dirigeaient les expéditions faites seulement par une partie de la nation.

2. *Ceterum neque animadvertere*, etc. Voyez Montesquieu, *Esprit des Lois*, XVIII, 31.

Page 20 : 1. *Exigere*, rechercher, reconnaître, examiner.

— 2. *Vidimus..... habitam*. Cette Véléda, dont Tacite parle aussi dans ses *Histoires* (IV, 61 et 65, V, 22 et suiv.) était de la nation des Bructères. Elle contribua puissamment à l'insurrection des Bataves, à la tête de laquelle se mit Civilis (70 ap. J.-C.), et voyant le mauvais succès de la guerre, elle leur fit poser les armes et aida le général romain Céréalis à pacifier le pays. Quelques années après, elle fut prise par Rutilius Gallicus et menée à Rome en triomphe.

— 3. *Nec tanquam facerent deas.* Burnouf : « Les peuples reconnaissaient en elles une puissance surnaturelle, préexistante, qu'elles ne tenaient point des hommes; en les adorant, ils croyaient adorer des déesses *toutes faites,* pour ainsi dire, et non des déesses de leur façon. » Les Romains, au contraire, faisaient de leurs empereurs et même des femmes de leurs empereurs des divinités auxquelles certainement ils ne croyaient pas.

— 4. *Maxime Mercurium colunt.* César, *Guerre des Gaules,* VI : *Deum maxime Mercurium colunt. Post hunc, Apollinem et Martem et Jovem et Minervam.*

Page 22 : 1. *Concessis animalibus.* Ils n'immolent point de victimes humaines.

— 2. *Liburnæ.* Sorte de vaisseau léger que les Romains avaient emprunté aux Liburniens, peuple de pirates qui habitait les côtes de la Dalmatie.

— 3. *Virgam.* Ce mode de divination a quelque rapport avec la divination par les flèches, qui était en usage dans tout l'Orient.

Page 24 : 1. *Proprium gentis..... experiri.* Les Perses demandaient aussi des présages aux chevaux.

Page 26 : 1. *Noctium.* Les Gaulois aussi, comme on le voit dans César, calculaient le temps par le nombre des nuits.

— 2. *Constituere (diem),* convenir d'un jour. — *Condicere (diem),* déclarer à son adversaire qu'on se présentera tel jour devant la justice.

Page 28 : 1. *Cæno ac palude,* pour *cæno paludis.*

Page 30 : 1. *Comites,* des assesseurs.

— 2. *Nisi armati.* Les juges mêmes siégeaient avec des armes.

— 3. *Tum in ipso concilio,* etc. C'est là l'origine de la chevalerie et du vasselage.

— 4. *Comitatus,* le rôle de compagnon.

Page 32 : 1. *Infame....., recessisse.* Cette opinion était aussi bien établie en Gaule qu'en Germanie.

Page 34 : 1. *Non multum..... transigunt.* César dit, au contraire, que la vie entière des Germains se passait à la chasse ou dans des exercices guerriers.

Page 36 : 1. *Armentorum vel frugum*, sous-entendu *id*, une quantité de bestiaux ou de fruits qui...

— 2. *Nullas urbes habitari*. Ce n'est qu'à partir de Charlemagne qu'on bâtit en Germanie des villes entourées de murs.

— 3. *Suam quisque domum spatio circumdat*. César dit : *Civitatibus maxima laus est quam latissimas circum se vastatis finibus solitudines habere. Hoc proprium virtutis existimant, expulsos agris finitimos cedere, neque quemquam prope se audere consistere : simul hoc se fore tutiores arbitrantur, repentinæ incursionis timore sublato.*

Page 38 : 1. *Ripæ*, la rive du Rhin.

Page 40 : 1. *Maculis pellibusque*, comme *maculosis pellibus*.

— 2. *Brachium* est proprement le bras depuis la main jusqu'au coude ; *lacertus*, le bras depuis le coude jusqu'à l'épaule.

Page 42 : 1. Burnouf : « *In hæc munera*, comme on dirait en grec ἐπὶ τούτοις δώροις, à la condition de ces présents. »

— 2. *Septæ* se rapporte aux femmes germaines.

— 3. *Litterarum secreta*, les correspondances secrètes.

— 4. *Paucissima*, etc. Toute la fin de ce chapitre est une censure indirecte des mœurs de Rome, adultères, prostitution, divorces, infanticides.

Page 48 : 1. *Nec ulla orbitatis pretia* fait allusion aux captations de testament, si fréquentes à Rome.

— 2. *Luitur enim etiam homicidium*. C'est la composition ou *wergeld*. La loi salique donne des détails très-circonstanciés sur la somme que l'on doit payer pour tel ou tel crime, commis sur tel ou tel individu.

— 3. *Quum defecere* (*epulæ*).

— 4. *Nec interest*, peu importe ; il n'est pas besoin qu'ils soient invités.

Page 50 : 1. *Adhuc*, parce que la civilisation ne les a point encore corrompus.

— Page 52 : 1. *Deliberant, dum fingere nesciunt*. Chateaubriand, *les Martyrs*, liv. VIII : *Le lendemain, jour où la lune avait acquis toute sa splendeur, on décida dans le calme ce qu'on avait discuté dans l'ivresse, alors que le cœur ne peut feindre et qu'il est ouvert aux entreprises généreuses.*

— 2. *Humor*. Cette boisson est la bière.

— 3. *Ripæ*, la rive du Rhin.

Page 54 : 1. *Inter seria* ne peut avoir d'autre sens que celui-ci : (ils se livrent au jeu) parmi les occupations sérieuses, c'est-à-dire comme à une occupation sérieuse.

Page 56 : 1. *Regnari*, être soumis à l'autorité d'un roi.

— 2. Burnouf : « *Agitare fœnus*, faire valoir son argent à intérêt. *Extendere fœnus in usuras*, faire porter l'intérêt non-seulement sur le capital, mais sur l'intérêt déjà acquis, prendre l'intérêt de l'intérêt. »

— 3. *Servatur* a pour sujet cette habitude de ne pas prêter l'argent à intérêt.

Page 58 : 1. *Summus auctorum*, la meilleure des autorités, et non pas le plus illustre des auteurs.

Page 60 : 1. *Amnis*, le Rhin.

— 2. *Hercyniam silvam*. La Forêt-Noire.

— 3. *Treverii et Nervii*. Les Trévires, dont la capitale était Trèves, habitaient entre la Meuse et le Rhin. Les Nerviens étaient établis plus à l'ouest.

Page 62 : 1. *Vangiones, Triboci, Nemetes*. Ces peuples occupaient l'Alsace d'aujourd'hui.

— 2. *Ubii*. Les Ubiens étaient plus au nord. La capitale de leur pays est aujourd'hui Cologne, fondée par Agrippine, fille de Germanicus et femme de Claude. Remarquons *conditor* appliqué à une femme.

— 3. *Batavi*. Les Bataves, jadis en deçà du Rhin, rejetés à l'époque de Tacite, entre les bouches de ce fleuve, dans un pays marécageux *qui n'est qu'une mince écorce de terre flottant sur un amas d'eau*, dit Chateaubriand (*les Martyrs*, liv. VI).

Page 64 : 1. *Mattiaci*. Tous les peuples que Tacite vient de nommer sont en deçà de la limite romaine. Les Mattiaques sont à la fois en deçà et au delà.

— 2. *Decumates agros*, probablement une partie de la Souabe.

— 3. *Limes* est un rempart; *sinus*, une courbe avancée dans le pays ennemi.

— 4. *Catti*. Le pays des Cattes est aujourd'hui la Hesse, au nord de la Forêt-Noire.

Page 66 : 1. *Et Cattos suos... deponit*. Burnouf : « Les Cattes sont les enfants de la forêt Hercynienne ; ils sont à elle, *suos ;* c'est pourquoi elle les suit avec constance, comme si elle craignait de les abandonner. *Deponit* fait image : les collines s'abaissent insensiblement; elles cessent tout à fait aux lieux où finissent les Cattes, qui descendent, pour ainsi dire, en même temps qu'elles jusqu'aux limites de la plaine, où leur forêt les *dépose* enfin et s'arrête avec eux. »

Page 68 : 1. *Ferreum insuper annulum.* Chateaubriand, *les Martyrs,* livre VI : *A la pointe de ce triangle étaient placés des braves qui portaient au bras un anneau de fer. Ils avaient juré de ne quitter ces marques de la servitude qu'après avoir sacrifié un Romain.*

— 2. *Certum jam.* Plus loin le Rhin n'est qu'un marécage. *Usipii ac Tencteri ;* au nord des Mattiaques, entre les Cattes et le Rhin.

Page 70 : 1. *Chamavos et Angrivarios.* Les Chamaves étaient au sud des Bructères ; les Usipiens les séparaient des Tenctères. Les Angrivariens habitaient plus à l'est.

Page 72 : 1. *Dulgibini et Chasuari.* Les Dulgibins étaient au nord, et les Chasuares au sud des Chamaves et des Angrivariens.

— 2. Les Frisons occupaient la Hollande actuelle. Le Zuyderzée était alors un lac.

— 3. *Herculis columnas.* Les anciens plaçaient des colonnes d'Hercule partout où ils croyaient trouver les limites de la terre. Drusus, père de Germanicus, fit, dans la mer du nord, un voyage de découverte, et l'entrée de la mer Baltique put rappeler à sa pensée le détroit de Gadès.

Page 74 : 1. *Chauci.* Bordés au sud par les Dulgibins, les Chauques occupaient le pays situé entre l'Elbe, l'Ems et l'Océan.

— 2. *Cherusci,* et plus bas *Fosi,* au centre, entre le Weser et l'Elbe. Ce sont eux qui taillèrent en pièces les légions de Varus.

Page 76 : 1. *Cimbri.* Les Cimbres occupaient primitivement le Jutland, que Tacite appelle ici *sinum.* Ils semblent appartenir à la même famille que les Cimmériens des Grecs et les Kymris de la Gaule. L'émigration dont il est parlé dans ce passage date de 120 avant J.-C. Les Cimbres se joignirent aux Teutons septentrionaux, aux Ambrons, entraînèrent avec eux les Tigurins, battirent plusieurs armées romaines, et enfin furent exterminés successivement par Catulus et Marius, l'an 101.

— 2. *Utraque ripa,* les deux rives du Rhin. — *Castra ac spatia,* pour *castra spatiosa.*

— 3. *Cœcilio Metello ac Papirio Carbone consulibus*, 112 avant J.-C.

Page 78 : 1. *Alterum Trajani consulatum* donne la date de cet ouvrage : 98 de J.-C.

— 2. *Crassi.* Crassus périt à Carres, en Mésopotamie. Lucain, *Pharsale*, I :

  Assyrias Latio maculavit sanguine Carrhas.

— 3. *Pacoro.* Ce fut lui qui battit Crassus l'an 83 avant J.-C. Il fut battu par Vintidius.

— 4. *Vintidium.* Vintidius Bassus, né à Asculum dans le Picenum, avait été fait esclave dans la guerre sociale et mené en triomphe par le père du grand Pompée. Il suivit César en Gaule, puis s'attacha à Antoine et gagna trois victoires sur les Parthes. Il fut le premier Romain qui triompha de ce peuple.

— 5. *Carbone*, consul défait en l'an 112 avant J.-C.

— 6. *Cassio*, consul vaincu et tué par les Tigurins en l'an 106.

— 7. *Scauro Aurelio*, tué par les Cimbres en l'an 104.

— 8. *Servilio Cœpione, Cn. quoque Manlio.* Manlius, consul, et Servilius Cæpion, proconsul, furent battus par les Cimbres, les Teutons, les Tigurins et les Ambrons, l'an 104.

— 9. *Varum.* Voyez *Annales*, livre I, chap. 61.

— 10. *Drusus*, beau-fils d'Auguste, père de Germanicus. — *Nero*, depuis Tibère, fit, après la mort de son frère Drusus, plusieurs expéditions en Germanie. — *Germanicus.* Voyez *Annales*, liv. I.

— 11. *C. Cæsaris.* Caligula, qui fit en Germanie une expédition ridicule.

Page 80 : 1. *Triumphati*, Allusion au ridicule triomphe de Domitien. Voyez Tacite, *Vie d'Agricola*, chap. 39.

— 2. *Suevis.* Tacite donne le nom de Suèves à tous les peuples entre l'Elbe et l'Oder.

— 3. *Obliquare crinem*, relever les cheveux en une touffe sur le sommet de la tête.

Page 82 : 1. *Semnones.* Les Semnones habitaient entre l'Elbe, l'Oder, la Vartha et la Vistule.

— 2. *Auguriis patrum et prisca formidine sacram.* Ces mots forment un vers hexamètre.

Page 84 : 1. *Langobardos.* Ils changèrent plus d'une fois de séjour. Établis successivement entre l'Aller (affluent du Véser) et l'Elbe, puis entre l'Aller et le Rhin , ils participèrent aux dépouilles de l'empire et finirent par fonder au nord de l'Italie un royaume qui dura trois cents ans environ , et fut détruit par Charlemagne.

— 2. *Reudigni deinde , et Aviones , et Angli , et Varini , et Eudoses , et Suardones , et Nuithones.* De tous ces peuples , les Angles seuls ont eu plus tard de la célébrité. On sait qu'ils passèrent dans la Grande-Bretagne , et réduisirent les Saxons.

— 3. *Hertham,* en allemand *Erde,* signifie terre.

— 4. *Insula.* C'est probablement l'île de Rugen , dans la Baltique.

— 5. *Non bella ineunt.* C'est la trêve de Dieu au moyen âge.

Page 86 : 1. *Templo* signifie tout au plus enceinte sacrée : les dieux n'avaient point de temples en Germanie. Voyez plus haut, chap. IX.

— 2. *Hermundurorum civitas.* Au sud de l'Elbe, près de la chaîne Hercynienne. Ils occupaient aussi les sources du Mein.

— 3. *Colonia.* Augsbourg peut-être.

Page 88 : 1. *Narisci, ac deinde Marcomanni et Quadi.* Les Narisques étaient entre la Bohême et le Danube ; les Marcomans avaient chassé les Boïes de la Bohême : les Quades habitaient la Moravie. Ces deux derniers peuples se firent connaître plus tard par leurs guerres avec les Romains.

— 2. *Marobodui et Tudri genus.* Maroboduus conquit une grande partie de la Germanie, et combattit avec succès contre Tibère. Dans la suite, il s'allia avec les Romains contre Arminius. Tudèr nous est inconnu.

— 3. *Retro Marsigni, Gothini , Osi, Burii.* Tacite procède du nord-ouest au sud-est. Les Marsignes devaient être situés entre l'Oder et la chaîne des monts Asciburgiens ; les Gothins, vers la source de l'Oder; les Oses et les Buriens, des deux côtés des Alpes bastarnes (monts Krapacks).

Page 90 : 1. Burnouf : « La réflexion *quo magis pudeat* se rap- porte à *tribula patiuntur ;* ils ont du fer, et ils payent tribut à l'étranger ! c'est d'eux que l'on peut dire :

Ignorantne datos ne quisquam serviat enses? »

— 2. *Lygiorum nomen.* Les Lygiens étaient établis à l'est des Suèves, entre le Viadrus et la Vistule. Les peuplades que Tacite énumère ne sont pas connues dans l'histoire. Les Aries ont peut-être une origine commune avec le peuple d'Asie qui porte le même nom.

Page 92 : 1. *Gothones.* Ils eurent d'abord pour habitation soit le Boiohemum, qu'ils partageaient, dit-on, avec les Marcomans, soit les sources de la Vistule ; ils conquirent ensuite la Scandinavie méridionale et centrale, ainsi que le nord de la Péninsule cimbrique. Une de leurs tribus s'établit dans la Prusse actuelle, et plus tard ils se divisèrent en trois grandes branches, Goths, Ostrogoths et Gépides. Leur histoire se mêle alors à celle de l'empire.

— 2. *Regnantur*, au passif, expression justifiée par Virgile :

Terra..... acri quondam regnata Lycurgo.

Et en prose par Tite-Live : *Regnatum est Romæ.*

— 3. *Adductius.* Tacite a dit autre part, dans le même sens : *adductius imperitare*, commander trop durement.

— 4. *Rugii et Lemovii.* Ils semblent avoir eu pour demeure l'île de Rugen dans la Baltique, et tout le littoral entre le Viadrus et la Vistule.

— 5. *Suionum hinc civitates.* Ils occupaient, à ce qu'on croit, la Suède actuelle, et semblent avoir donné leur nom à ce pays, appelé, au moyen âge, Sueonia.

Page 94 : 1. *Aliud mare*, l'Océan septentrional.

— 2. *Adeo clarus ut sidera hebetet.* On sait que plus on avance vers le nord, plus la disproportion de temps augmente, à certaines époques de l'année, entre le jour et la nuit.

— 3. *Se mergentis.* Les anciens croyaient que le soleil, en entrant dans la mer, faisait le bruit d'un fer rouge plongé dans l'eau.

Page 96 : 1. *Æstyorum gentes*, à l'embouchure de la Vistule.

— 2. *Matrem Deum*, Hertha. Voyez chap. 40.

— 3. *Glesum*, l'ambre jaune.

Page 98 : 1. *Sitonum gentes.* Cette nation habitait la Norwége actuelle.

— 2. *Peucinorum, Venedorum et Fennorum nationes.* Ces trois peuples étaient placés à l'est de la Vistule. Les Peucins ou Bastarnes ont donné leur nom à la chaîne des monts appelés aujourd'hui Krapacks. Les Vénèdes étaient issus de la grande tribu des Wendes. Il y a eu plusieurs peuples de ce nom, les Vénètes, en Gaule et en Italie, les Aînètes, en Paphlagonie, des colonies en Adriatique, d'où Venise, et en Bretagne, d'où Vannes.